Süddeutsche Zeitung Bibliothek des Humors

Woody Allen – Nebenwirkungen & Ohne Leit kein Freud • **Ernst Augustin** – Gutes Geld • **Thomas Berger** – Abenteuer einer künstlichen Frau • **Heinrich Böll** – Doktor Murkes gesammeltes Schweigen und andere Satiren • **T. C. Boyle** – Willkommen in Wellville • **Roald Dahl** – Onkel Oswald und der Sudankäfer • **Robert Gernhardt** – Kippfigur **Eckhard Henscheid** – Geht in Ordnung – sowieso –– genau ––– • **David Lodge** – Schnitzeljagd • **Paul Murray** – An Evening of Long Goodbyes **V. S. Naipaul** – Wahlkampf auf karibisch • **Gerhard Polt** – Fast wia im richtigen Leben • **Gregor von Rezzori** – Maghrebinische Geschichten **Tom Robbins** – Salomes siebter Schleier • **Tom Sharpe** – FamilienBande **Peter Ustinov** – Monsieur René • **Boris Vian** – Drehwurm, Swing und das Plankton • **Fay Weldon** – Die Teufelin • **P. G. Wodehouse** – Der unvergleichliche Jeeves • **Ror Wolf** – Fortsetzung des Berichts

Ausgewählt von der Feuilletonredaktion der Süddeutschen Zeitung, 2011

Süddeutsche Zeitung Bibliothek
Bibliothek des Humors

Die komplette Bibliothek mit allen 20 Bänden ist für nur 138,– Euro erhältlich unter Telefon 089 – 21 83 18 10, im Internet unter www.sz-shop.de oder im Buchhandel.

Gerhard Polt

Fast wia im richtigen Leben

Gerhard Polt

Fast wia im richtigen Leben

Alltägliche Geschichten

In Zusammenarbeit mit Hanns Christian Müller

Süddeutsche Zeitung Bibliothek

Bibliografische Information der Deutschen Nationalbibliothek
Die Deutsche Nationalbibliothek verzeichnet diese Publikation in der
Deutschen Nationalbibliografie.
Detaillierte bibliografische Daten sind im Internet über
http://dnb.d-nb.de abrufbar.

Lizenzausgabe der Süddeutschen Zeitung GmbH, München
für die Süddeutsche Zeitung Bibliothek des Humors, 2011
Alle Rechte vorbehalten
Copyright © 2002 Kein & Aber AG Zürich – Berlin
Mit freundlicher Genehmigung des Verlags

Gestaltung: Stefan Dimitrov
Titelillustration: Oliver Weiss
Autorenfoto: SZ Photo/Catherina Hess
Projektleitung: Marion Meyer, Michaela Adlwart
Produktmanagement: Felix Scheuerecker
Redaktion: Harald Eggebrecht
Satz: HJR, Jürgen Echter, Manfred Zech
Herstellung: Thekla Licht, Hermann Weixler
Druck und Bindung: CPI – Ebner & Spiegel, Ulm
Printed in Germany
ISBN 978-3-86615-928-0

Inhalt

i. A. Deutelmoser 1   7

Pförtnerloge   9

Vom Kriege   13

Das Gespenst des Pazifismus   15

Historische Dimension   17

Dr. Kleinsorges Verdienste um den europäischen Scherz   19

Warten auf Dillinger   22

Das Interview   24

Moslem-Man-Power   26

Achmed muß nach Hause   30

Im Staatsdienst   32

Das Kalkül   34

Dieser Rüsslinger   35

Der zuständige Mann   36

Ausgehvorbereitungen   40

Die Bunkerführung   43

Katastrophenalarm   45

Der Grünwald-Spaziergang   47

Die Verantwortungsnehmer   50

Die Aussteiger   54

Diese unsere Welt   59

Die Wegbeschreibung   68

Ein Umweltschützer   70

Ein Protestanruf   73

Herbstgespräche   74

Das Beton-Lied   79

Im Amt   81

Der neue Mieter   95

Die Okkupanten 99

Ein Sanierer 104

Großbrand 106

Die Hobby-Hausbauer 110

Der Humorist beim Finanzamt 114

Vertretertraining 123

Beim Titelhändler 129

Frau Brezner 135

Der Maßanzug 137

Ein Amateur 143

Unser Mann in Bonn 144

Wurstmax bilanziert 145

Eddi Finger oder Advent 148

i.A. Deutelmoser 2 167

Im Kaufhauslift 168

Zoll hat Zukunft 172

Schutzengel 177

Der Freitagabendzug 179

Ein Geschäftsbrief 185

i.A. Deutelmoser 1

Ja was hamma denn da? Herrschaftseitn, das ist also auf Seite ... Ding – das ist die Akte Seattle. Jawohl. Aha.
Herrn Seattle – Komma – Häuptling.
Sehr geehrter Herr Seattle – Ausrufezeichen. Wir bestätigen hiermit den Erhalt Ihres Schreibens vom 3. Juli 1846 und erlauben uns, auf Ihre Anmerkungen folgendes zu erwidern – Doppelpunkt.
Sie haben sich zu unhaltbaren Beschuldigungen und ehrverletzenden Äußerungen hinreißen lassen. – Machen wir da ein Ausrufezeichen? Na ja, das is, machen wir da an Punkt. – Die Behauptung – Anführungszeichen – die Erde würde zunehmend verbaut – verbaut unterstrichen – und durch die zunehmende Verdrahtung gebe es keine Adler mehr, möchten wir mit folgendem Hinweis entkräften – Doppelpunkt; vorher Anführungszeichen – Schluß.
Der Autobahnausbau München-Altötting – Strich – Simbach ist durch weiter geführte Verkehrszählungen gerechtfertigt – Komma – aber durch die Heranziehung von Fachkräften aus dem bayerischen Umweltministerium ist der Transit für mehrere Froscharten und Amphibien zu ihren Laichplätzen – Laich mit ai – so gut wie gesichert – Punkt. In Absprache mit dem bayerischen Verkehrsministerium ist für den Ausbau von eben diesen Autobahnüberquerungsdrainagen für Lurche – Komma – Frösche usw. ein Etat von DM 2800 in Aussicht gestellt. Das angeblich rückläufige Flugaufkommen des Steinadlers wird durch erheblich zunehmenden Flugverkehr unserer Maschinen der Bundesluftwaffe – Waffe mit zwei f – mehr als kompensiert – Punkt. Außerdem als Wappentier – Komma – sowohl als Bundesadler – Komma – wie auch Tiroler Adler – Komma – erfreut der Adler sich zunehmender Beliebtheit – Punkt. Sie behaupten ferner – Komma – in Ihrer Eigenschaft als Indianer – Komma – sowie auch Ihre restlichen Mitglieder – Komma – Sie benutzen hier den vereinsrechtlich nicht relevanten Begriff Stamm – Komma –

jeder Teil der Erde wäre mit Ihnen identisch – Komma – und glitzernder Tannenduft sowie das Summen von Insekten wäre Ihnen heilig – Punkt.
Dr. jur. Alfons Zeidelmeier, Sachbearbeiter für das Sektenunwesen in Bayern – Komma – wird sich mit dieser Ihrer Aussage beschäftigen und Sie auf den Tatbestand der Blasphemie – mit B, weichem B – Tatbestand untersuchen – Punkt. Ihr Vorwurf, daß die Abfallbeseitigung ungenügend sei – Komma – entbehrt jeglicher Grundlage. Ich verweise nur auf das vom Umweltministerium in Auftrag gegebene Gutachten von Prof. Hutzlinger – Punkt. – Na ja, denen werden mir's zeigen. – Wir fordern Sie hiermit auf, Ihre steinzeitlichen Schmähungen aus der Peripherie ab sofort zu unterlassen – Komma – oder wir sehen uns gezwungen – Komma – gerichtliche Schritte gegen Sie zu unternehmen.
Gerichtsstand ist das Landgericht Miesbach.

Hochachtungsvoll
i.A.
Deutelmoser

Pförtnerloge

Heinz Heubl sitzt in seiner Pförtnerloge. Ein Auto passiert, Heubl grüßt, macht eine wärmende Handbewegung, schaut nach dem Wetter.

Es soll no kälter werdn. I hab ja koa Heizung herin, obwohl ich's scho lang beantragt hab. Aber es dauert noch, hat's gheißn. Frühestens nächsten Sommer soll's soweit sein. Wissen Sie, der Mensch is ja klimaabhängig. Des hams seinerzeit 1943 auch gemerkt. Winter 42/43, Rußland. Die deutschen Truppen waren ja scho kurz vor Moskau, wie dieser Kälteeinbruch kam. *Demonstriert mit Streichholzschachtel und Zündhölzern die strategische Lage.* Der Aufmarschplan war ja perfekt. Da die deutsche Linie, Moskau in etwa hier, aber der Russe war ja viel wärmer gekleidet, und in puncto Winter macht ihm natürlich keiner was vor. Jetz schaun S' her: Die deutsche Flanke etwa hier. Der Russe versucht eine Zangenbewegung, und um dieser Zange zu entgehen, san die Deutschen natürlich wieder zurück, gell, obwohl's saukalt war. Scho no kälter wie da herin. Während der berühmte Korse, schaun Sie, ich darf verdeutlichen: Des is also Moskau. Da is der Franzose nei, und dann war's genauso kalt. Der Franzose is ja kleidungsmäßig auch sehr leichtsinnig. Dann hams des Moskau anzündt, aber so a Stadt brennt aa net ewig, und wie dann des Feuer ausgangen ist, hams sich natürlich wieder zurückgezogen, weil, in Frankreich is's ja bedeutend wärmer.

In Griechenland ham sie natürlich sehr viele Schlachten geschlagen. Weil's ja bei dene gar keine Winter in unserem Sinne jetz gibt. Selbst wenn s' im Winter an Krieg gführt ham, war des natürlich viel einfacher, weil's net so kalt war. Schaun Sie, dieses Marathon. *Beginnt Streichholzschachtelformation aufzubauen.* De Perser san aufmarschiert, etwa so, es warn natürlich viel mehrer. Und de Griechen, de san aufn Berg nauf, und dann sans in dieser neuen Formation, des hat Phalanx gheißen, sans neibrochn, de Perser san ausanandgspritzt, na hams es seitlich aufgrollt. – Sie, des hat fei schlecht ausgschaut für de Perser. Obwohl, der Läufer von de Griechen, der wo den Sieg verkündet hat, der is ja dann aa gstorbn, an am Herzinfarkt. Wahrscheinlich, weil's so heiß war. In Griechenland kann's manchmal bluatig heiß sein. Grad im Sommer.

Wissen Sie, der Dreißigjährige Krieg, da wurde dreißig Jahre lang durchgekämpft, Sommer wie Winter. Des liegt meiner Meinung nach nur daran, daß keiner nachgebn hat. Und es hat ja auch keiner nachgeben können, weil hätte er nachgegeben, hätte er den Krieg verloren. Aber, wissen Sie, dieser ganze Dreißigjährige Krieg war militärstrategisch betrachtet eine einzige Schlamperei. Da hat sich oft koa Mensch mehr auskennt, wer grad gwonnen hat oder verlorn. Auch finanziell war's miserabel organisiert. Da sind ständig Gelder ausgeblieben. Sie müssen wissen, Soldat, des kimmt von Sold, net, also Geld. Am Schluß ham dann viele Truppenteile nur noch gegen Vorauskasse gekämpft, also bar, weil an Scheck hat eahna damals koana angenommen.

Ein Mann geht vorbei. Ah, grüß Sie Gott, Herr Süß. – Sie, des war fei der Kammersänger Reiner Süß. Der war im Krieg bei der Panzerabwehr. A Wunder, daß er's überlebt hat, zur Zeit singt er grad an Wotan. Ich hab mir vorigen Herbst a Autogramm von ihm gebn lassn, des hab i jetzt grad die Tag für vierzig Mark verkauft. Jetz schaug i, daß ich wieder oans kriag, oder vielleicht krieg i sogar zwoa. Des wärn dann achtzig Mark.

Streicht ein Mettwurstbrot. Schaun Sie, was im Laufe der Geschichte Fehler gemacht wurden. Diese Ardennenoffensive war jetzt zum Beispiel scho wieder im Herbst. Jetz schaun S' her, stelln S' Eahna vor, des wäre Westeuropa – *legt das Wurstbrot zurecht* – und das da die Gegend von Malmedy – *zeichnet M auf dem Streichwurstbelag.* Der Alliierte möchte ja reinkommen. Jetz san de ganzen Panzerverbände im Nordwesten massiert wordn, also hier – *zeichnet* – ungefähr. Warn ja nur noch taktische Restbestände. Schaun Sie, da war der Frontverlauf – *zeichnet* –, etwa zwei Tage is in nordwestlicher Richtung ein gewisser Druck verbreitet worden – *zeichnet* –, aber dann is der Ami bös worn und hat mit seiner Luftwaffe alles beharkt. *Zerstochert das Wurstbrot.* Erst gab's eine einfache Frontbegradigung – *streicht alten Frontverlauf glatt, zieht neue Linie* –, aber dann schwappte das überlegene alliierte Potential durch. *Streicht das Mettwurstbrot wieder glatt.* Aus, Sense. Der Russe auf der anderen Seite, und das war dann praktisch die Teilung Deutschlands. *Schneidet das Brot in der Mitte durch.*

Schaun Sie, ein anderes Kapitel: Rom. Da wurden ständig Schlachten geschlagen. Der einzige, der wo keine Auseinandersetzung angestrebt hat, des war dieser Kaiser Augustus. Weil, der hat ganz genau gewußt, feldherrnmäßig is er eine Niete. Weil sonst hams ja große Kriegsherrn hervorgebracht. Noch ein Sonderfall war natürlich die berühmte Schlappe von Cannae, des hat dieser Paullus versiebt. Also net der General von Stalingrad, den schreibt ma mit einem l, sondern der Konsul. So a Römer halt. Bis gschaut ham, warens überflügelt. Dann hams alle in'n Sumpf neimüssn, weil da der Elefant net neikimmt. Der Elefant, des war praktisch der Panzer der Antike. Aber der Hannibal hat dann de Vorteile von seim Sieg net genutzt, weil er is dann ins Winterlager gangen. Sie müssen wissen, diese Neger, de mögen den Winter net, obwohl er in Italien sehr mild is. Drum hams gwartet bis zum nächsten Frühjahr, und des war dann praktisch zu spät. Am Caesar waar des net passiert, weil, der gilt ja als der Erfinder des Blitzkrieges.

Was sagn jetz Sie nachert zum Wunder von Kunersdorf? Auch »Le miracle de Brandenbourg« genannt. Hier zwanzigfache Übermacht, Preußen am Boden, die Infantrie total erledigt, Kavallerie: a paar müde Häupter, sonst nur noch Kadaver, Artillerie keine Spur mehr. – Da der Russe, da der Österreicher, man hat den Preußen praktisch fest im Griff, und keiner greift zu. Nebel war aa koana. Jetz frag ich Sie, warum? Des Kunersdorf, wenn nausgangen waar, wia's hätt nausgehen müssen, wer weiß, wie's dann heut ausschaun dad in der Bundesrepublik.

Es gibt natürlich eine Menge Schlachten, wo's geländemäßig und von der militärischen Potenz her scho von vornherein abzusehn war, wie's nausgeht. De hätten gar net erst kämpfen brauchen. Ich bin ja eh gegen an Krieg, mich interessiern nur die Schlachten. Scharmützel interessiern mich höchstens am Rande, und auch so Massaker san vom militärischen Standpunkt her uninteressant. Aber leider gibt's grad von vielen berühmten Schlachten keine exakten Aufmarschpläne, zum Beispiel de katalaunischen Felder, hochinteressant, aber da weiß ma praktisch nur, wie's nausgangen is. Also zuungunsten der Hunnen.

Wer nicht wagt, gewinnt nicht. I woaß net, wer des amal gsagt hat, aber des gilt fei oft bei so Schlachten. Schaun Sie, eine Handvoll Spanier hat praktisch ganz Südamerika aufgrollt. Die Schlacht bei Cuzco oder so. *Leert Streichholzschachtel.* Da hat's gewimmelt voller Inkatruppen, und dieser Fernandez Cortez, a schneidiger Mensch, der is da nei mit a paar Musketen, wie durch an Butterberg. Also, nach europäischem Strategieverständnis ham diese Inkas total versagt. Wahrscheinlich hams halt zu wenig Erfahrung ghabt beim Kriegführn. Einfach neihaun ohne ein Konzept, des hilft doch nix. Die Quittung hams dann auch prompt bekommen.

Schaun S' her, ich hab mir die Mühe gemacht und hab diese ganzen Schlachten amal zusammengstellt, alphabetisch und nach Jahreszeiten, und da läßt sich eindeutig beweisen, daß die meisten Winterschlachten verloren worden sind, während im Sommer hams fast immer gwonnen. Jetz schaun S' her – *zieht Schlachtpläne aus seiner Aktentasche* –, die Schlacht von Ampfing, global gesehen eher unbedeutend, aber hochinteressant, Schlacht von Aktium, so a Seeschlacht, Akroinon, da ham de Byzantiner gwonnen, auch Sommer, Bautzen, Bosporus, da ham mir glei vier Schlachten, Cannae, Cotrone, da ham jetz de Araber gwonnen, Dünkirchen, E – Erster Weltkrieg, des is natürlich a Haufn Zeug, dann F – Fehrbellin, Friedberg, Teutoburger Wald – öha, wie kimmt denn der ins F nei, der ghört doch untert T. *Sortiert Teutoburger Wald in T ein.* A Ordnung muß sein, weil sonst kennt ma sich nimmer aus. Aber wissen S', eine Schlacht im klassischen Sinne, des gibt's ja heutzutag gar nimmer, heut gibt's ja nur noch mehr so Massaker in der ganzen Welt, und de sammel ich net. *Schließt die Mappe.*

Vom Kriege

Gaststube. Wirt Buzifal erzählt seinem Gast.

BUZIFAL: Ja, wie is jetz des, kriagn wir jetzt noch ein Bier? *Zur Theke* Ein Bier! Net, das läßt sich doch nicht bestreiten, daß im Krieg Fehler gemacht wurden, net. Das kann mir keiner sagen, daß da keine Fehler gemacht wurden. Beim Nachschub is es scho losgangen, da waren ja diese ganzen Nachschub . . . äh . . . verstopfungen, net. Waren Sie West- oder Ostfront?

GAST: Ich war an der Westfront.

BUZIFAL: Haha, an der Westfront, ja, mein Gott, na, haha, ja da haben Sie überhaupt nichts erlebt, da können Sie eigentlich ja gar nicht mitreden, net. Jetzt passen Sie mal auf, jetzt schauen Sie her. Ich war hier, jetzt passen Sie auf, der Dnjepr da, ich hier, und der Russe in etwa da, net. Jetzt hat man sich natürlich gefragt, wie hinüber, net. Kriegen Sie ein Schweinsbraten?

GAST: Ja, geben Sie mir bitte einen Schweinsbraten!

BUZIFAL: *zur Theke* Ein Schwein! *Zum Gast* Der Russe drängt und drängt, net wahr, also die Stalinorgeln haben ja nur so gepfiffen, net wahr. Da ist gestorben worden rings um einen herum. Kriegen Sie noch einen Kartoffelsalat?

GAST: Ja, geben Sie mir noch einen Kartoffelsalat.

BUZIFAL: *zur Theke* Ein Kartoffel extra für den Herrn. *Zum Gast* Nein, es war ja grauenhaft, man macht sich ja gar keine Vorstellungen, wie da die Menschen praktisch in den Gräben gelegen sind und eingegangen sind. Kriegen Sie ein Nachspeiserl?

GAST: Ja, wo ist denn bitte die Herrentoilette?

BUZIFAL: Ja, äh, Eisparfait hätten wir da oder ein Topfenstrudel, grad die Türe links. Ein Kamerad von mir, net, wir liegen im Schützengraben, wir schafkopfen, wir karteln quasi, auf einmal, huit!, ein Pfeifer, hat es ihm einmal den Kopf runtergerissen. Der sitzt ohne Kopf da, net. Ja, schade um den Mann, er hat ein ausgezeichnetes Blatt ghabt, er hätt das Spiel glatt gewonnen.

Das Gespenst des Pazifismus

Vitus Maria Deutelmoser entnimmt seiner Mappe einen Apfel, beißt hinein und räsoniert.

Jetzt werd ich doch A 13, im Staatsdienst, gell. Da is überraschend eine Stelle frei worden, weil es hat sich herausgestellt, daß der ander a Pazifist gwesen waar. Der hat sich öffentlich dazu bekannt, ohne das geringste, ah, Schamgefühl, sagn mir mal. Ja, des hat doch keinen Sinn, daß ma so jemand hinläßt. A 13, diese Position, und dann aso a Einstellung, des geht doch net, da is doch der Pazifismus fehl am Platz. Weil simma uns doch amal ganz ehrlich: Unsere Friedenssituation, des is doch eindeutig nur das Verdienst vom Militär. – Im Osten genauso. I will da gar nichts beschönigen. *Da* wird der Pazifist sogar – huit, Sie verstehen, de wissen genau, warum s' 'n eisperrn, i muaß sagn, da kimmt er bei uns no direkt guat weg. Jetzt stelln Sie sich amal vor, mir hätten in der gesamten Welt lauter so Pazifisten, und nachert kimmt der Ernstfall: Dann stehen sich Ost und West einander praktisch wehrlos gegenüber, und dann bumst's, dann hamma 'n Krieg. Denn diese Pazifisten haben ja noch nie an Krieg verhindert. Oder können Sie mir irgendeinen Krieg nennen, den wo die verhindert hätten? – Eben. Und im Krieg selber sans praktisch so gut wie ein Ausfall, direkt eine Schwächung, und hinterher schlau daherreden, net, des kann a jeder. I moan, was so einer privat macht, des is dem seine Privatsache, gut, Schwamm drüber. Aber im öffentlichen Dienst waar er annähernd ein Schädling, und des haben die im Verwaltungsgericht ihm auch prompt anerkannt. – Er soll ja gsagt habn, Ost und West waar net desselbe, aber er hat überhaupt nix Eindeutigs gegan Osten direkt gsagt, und des is doch eine gefährliche Tendenz, wenn ma so einen dann hilaßt. Bitte, ich mein, als Entschuldigung hat er angführt, daß sei Vater a Pfarrer waar oder so, aber wenn die Kirche schon solche Gedanken aussprengt, na muaß ich ihm darauf verweisen, daß mir hier leben, *hier*, net in Wolkenkuckucksheim – Sie sehng ja, wer den Posten kriagt hat. Also, i muaß schon sagn, mit diesem Pazifismus kimmt er net weit, jedenfalls nicht zum Staat.

Historische Dimension

Meine sehr verehrten Damen und Herren, gestatten Sie mir, daß ich, dem Anlaß entsprechend, noch ein paar Anmerkungen machen möchte. Obwohl mein sehr verehrter Herr Vorredner bereits Substantielles von sich gegeben hat, so möchte ich dem heutigen Abend und dem Anlaß, der uns ja heute zusammengeführt hat, doch noch ein paar Punkte vielleicht noch hinzufügen, meine sehr verehrten Damen und Herren. Allerdings in der mir gebotenen Kürze, denn ich weiß, meine sehr verehrten Damen und Herren, das Buffet wird demnächst eröffnet werden, und ich weiß auch, meine sehr verehrten Damen und Herren, daß mit kurzen Anmerkungen wir den Dingen vielleicht gerechter werden können, als wir es mit langatmigen und sonstigen Erzählungen ... vermöchten. Meine sehr verehrten Damen und Herren, als Pharao Cheops seine Pyramide in Giseh errichtet hat, da war es kein anderer als sein Nachfolger Chephren, oder wie es unterägyptisch auch heißt: Chafran, der eine zweite Pyramide gebaut hatte – und da hätten wir schon den dualistischen Gedanken. Pyramide zu Pyramide, aber obwohl der Satz da lautet: ein Terzium non datur, kommt der dritte hinzu, und es ist Men-Chaophre oder Men-Hahare, oder in Oberägypten auch Megreh genannt, nicht wahr, die Griechen sagen einfach Mykerinos, und er baut die dritte Pyramide, meine sehr verehrten Damen und Herren. Und das gibt doch zu denken. Und das läßt uns doch dazu reflektieren – diese drei Pyramiden, das ist kein Zufall, meine sehr verehrten Damen und Herren. Aber wir wollen uns jetzt nicht in Giseh aufhalten, meine sehr verehrten Damen und Herren, sondern unser Blick geht schon hinüber ins Zweistromland, wir sind am Euphrat, am Tigris, und schon spüren wir, nicht wahr, Nebukadnezar, ein Nabuchodonosor, der berühmte Menetekel ufarsin, kann man es deutlicher sagen, meine sehr verehrten Damen und Herren, nicht wahr – und das Ganze mit den Türmen von Babylon und so, aber das schenken wir uns jetzt. Wir gehen nun rüber nach Latium, wobei ich jetzt ausgelassen habe die schöngeistigen Griechen mit allem, nicht wahr? Schliemann hat sie ja so bunt beschrieben, Sokrates und so weiter . . . Nein, wir sind in Latium. Latium, das blutgetränkte Land, die Erde von Latium, gehen wir mal hinein ins 5. Jahrhundert vor Christi, oder das 4., das spielt jetzt gar keine Rolle, nicht wahr – meine sehr verehrten Damen und Herren, das 4. Jahrhundert war ein Bonbon unter den Jahrhunderten in Latium, und da kommen sie, nicht wahr, die bedeutenden Leute – nicht *underdogs* –, wie sie genannt wurden: die Gracchen, Gracchus der Jüngere – jünger als Gracchus der Ältere –, nicht wahr, total vergracht, und haben versucht, das Ihrige zu leisten. Sie wußten, sie sind ja Zeitgenossen, meine sehr verehrten Damen und Herren. Und wir gehen weiter, das Mittelalter, eine Renaissance fließt an uns vorüber. Große Namen. Ein Tiepolo, nicht wahr, der in Würzburg gemalt hat und sich gewehrt hat, in Friedrichshafen auch nur ein Bild zu malen, meine sehr verehrten Damen und Herren. Aber, meine sehr verehrten Damen und Herren – die großen Namen! Sie spüren doch selber: Es schmeckt nach Abendland! Sie spüren doch selbst, wie der Hauch der Geschichte hier ein bißchen hereinweht . . . Meine sehr verehrten Damen und Herren, ein Metternich, der ließ nicht einfach so alles aus der Reihe tanzen – ich weiß nicht –, aber die großen Namen, die Leonardo da Vincis, die Michelangelos, die stehen doch nicht einfach vor sich. Und sie sind's: die Heroen unserer europäischen . . . unserer Epoche, meine sehr verehrten Damen und Herren. Und da sind wir eben schon, ein Napoleon, ein Gaius Julius Caesar – und, meine sehr verehrten Damen und Herren, und das veranlaßt mich, den heutigen Abend noch einmal . . . Und lassen Sie es uns gebührend erwähnen: Er sitzt heute unter uns! Und wir sind gekommen, unser Haupt zu verneigen – vor ihm und seinem Gesamtwerk –, und wir sagen: Vielen Dank, Alfons Pröbstl, dem Mitbegründer der Bayerischen Landesboden-Kreditanstalt und sämtlicher Filialen! Ich danke Ihnen.

Dr. Kleinsorges Verdienste um den europäischen Scherz

FRÄULEIN GRUBEL: Herr Dr. Kleinsorge, Sie sind in der Scherzartikelbranche Europas einer der Größten. Wie sehen Sie die Entwicklung auf dem Humorsektor?

DR. KLEINSORGE: Ja, Fräulein Grubel, die scherzartikelproduzierende Industrie war und ist stets bemüht, sich flexibel am Humorbedarf des Kunden zu orientieren, denn Spaß muß sein. Aber mit Niveau, und die Entwicklung der letzten Jahrzehnte hat uns bestätigt. Seit dem absoluten Absatztief seinerzeit im Karneval 1945 haben wir einen kontinuierlichen Aufwärtstrend zu verzeichnen, mengenmäßig, und ich würde sagen, auch in der Qualität.

FRÄULEIN GRUBEL: Unter der Hand wird von Fachleuten gemunkelt, daß die japanische Scherzartikelindustrie den europäischen Markt entdeckt hat. Hat das irgendwelche Konsequenzen?

DR. KLEINSORGE: Wir wollen einmal klarstellen, Fräulein Grubel, die Bundesrepublik Deutschland gehört zu den Ländern mit dem weitgefächertsten und solidesten Angebot an Scherzartikeln, und bei dem heutigen hohen Standard unserer Stimmungsmacher muß man sich ja geradezu wundern, wie es früher überhaupt möglich war, eine Stimmung zu erzeugen mit den damals verfügbaren, doch sehr primitiven und simplen Produkten. Betrachten Sie doch nur unsere Nachbarländer. Dänemark, karnevalistisch unbedeutend, in Italien ist die Scherzartikelversorgung durch Streiks ins Wanken geraten, der Italiener mußte die letzten Jahre weitgehend ohne Accessoires feiern, und die desolate Versorgungslage in Comecon-Staaten ist berühmt-berüchtigt. Lassen Sie mich also noch einmal betonen, daß die Scherzartikelindustrie ein Hochleistungsunternehmen ist, das sich ernsthaft um die närrischen Belange der Bürger bemüht. Sehen Sie, allein was wir in puncto Sicherheit geleistet haben: Ich erwähne nur unsere unbrennbaren Luftschlangen und Konfetti, vierfach imprägniert und desinfiziert. Der Konfetti zum Beispiel, als Bakterienträger, ist damit praktisch tot. Ein weiteres Ergebnis unserer Forschungsarbeit ist zum Beispiel ein Gummihammer, mit dem beliebig oft geschlagen werden kann, ohne daß Verletzungsrisiken für die Kombattanten bestehen. Das nämliche gilt für sämtliche Schaumgummiwaffen.

FRÄULEIN GRUBEL: Ein erfreulicher Trend zum konfliktfreien Scherz also.

DR. KLEINSORGE: Genau.

FRÄULEIN GRUBEL: Herr Dr. Kleinsorge, welche Novitäten kommen im Scherzartikelsektor auf uns zu, haben wir in Zukunft auch noch was zu lachen?

DR. KLEINSORGE: Selbstverständlich, Fräulein Grubel. Bahnbrechend für unsere Novitäten war der Aufschwung der chemischen Industrie. Neue Werkstoffe ermöglichen naturgetreue Nachbildungen. Spinnen, Käfer, Stuhlgang, Politikermasken, da können wir heute perfekt modellieren. Der Scherz wird dadurch heutzutage wieder realitätsbezogen.

FRÄULEIN GRUBEL: Alles in allem also erfreuliche Meldungen. Aber gibt es nicht auch irgendwelche Probleme, mit denen Sie und Ihre Branche fertig werden müssen?

DR. KLEINSORGE: Sehen Sie, die importierten Humorprodukte aus der dritten Welt haben bei uns langfristig keine Chance. Ich glaube, daß das Scherzgefühl der dritten Welt doch unterentwickelt ist und analog den europäischen Geschmack nicht wesentlich tangiert. Auch Dumpingpreise sind kein brauchbares Mittel, um das europäische Gefühl für stabilen und qualitätsbewußten Humor ernsthaft zu gefährden. Aber die große Gefahr für die Zukunft des witzigen Daseins liegt darin, daß immer weniger Menschen immer mehr Leute unterhalten wollen. Dem müssen wir aufs entschiedenste widersprechen. Frohsinn ist eine Lebensqualität, die nicht von einer Handvoll pseudowitzigen Desperados in Frage gestellt werden darf. Und wenn man dieser Entwicklung nicht energisch entgegensteuert, könnte es eines Tages passieren, daß der gesunde Scherzartikel zum Privileg einer humoristischen Elite oder für irgendwelche lustigen Avantgardisten stilisiert wird.

FRÄULEIN GRUBEL: Vielen Dank für das Gespräch, Herr Dr. Kleinsorge, und in Ihrem Kampf für die Fröhlichkeit viel Erfolg.

DR. KLEINSORGE: Danke schön, Fräulein Grubel. Darf ich Ihnen als Leiter der Scherzinnung unsere neueste Kreation überreichen? Es handelt sich um einen portablen Leibeswind, sehr einfach zu bedienen. Darf ich's Ihnen vorführen?

Man hört einen mehrfach wiederholten, monotonen Furz.

Warten auf Dillinger

Eine Kleinbaustelle mit einem abgesicherten Bauloch. Sepp Stößl steht da, seufzt, trinkt, schaut auf die Uhr.

SEPP: O mei, der is oiwei no net da. Oiwei desselbe mit dem Dillinger. – I sag S' Eahna glei, wie's is: Wenn da Dillinger net kimmt, dann geht hier gar nix mehr. Wei i hätt ja im Grunde scho heut früh um achte in St. Öd sei miaßn, aba bevor da Dillinger net dawaar, hat des ja überhaupts koan Sinn. Wahrscheinlich hat der Dillinger net kemma kenna, weil um zehne, wo er in Griesbeckerszell hätt sei solln, da war er ja aa net. Mei, da Dillinger, der hat halt aa vui um die Ohrwaschl. Aber, da schaugn S' her, es geht nix voran da, wei da Dillinger no net dawar. I hätt ja nachert heut no dringend nach Ecknach nübermüaßn, aber i konn ja da net weg, wei sonst kimmt da Dillinger, und i bin net da, nachert geht wieda nix. Wei, ohne mi waar da Dillinger ja aufgschmißn, wei er – *deutet auf Kanalloch* – kennt si ja net aus.

DRAGAN: *schaut aus dem Kanalloch* Aah, Seff?!

SEPP: I hob koa Zeit jetza, i muaß auf'n Dillinger wartn, I wart jetz scho über drei Stundn ununterbrochn, nachert war Mittag, na hab i gmoant, daß er vielleicht zum Mittageßn kimmt, is er aber aa net kemman.

DRAGAN: Ah, Seff, du schauen!

SEPP: Ja, Dragan, was is 'n, ja sehr gut, jetz schaufelst nachert da den Dreck da no mehra auf d' Seitn, weil wenn Dillinger kommen, na muaß da de Muffn und des da ois frei sein. Schaufeln.

DRAGAN: Gutt. *Taucht weg.*

SEPP: Eigentlich is ja ganz guat, daß der Dillinger no net da war, wei bis jetz hätt er eh no nix macha könna, wei de Muffn no net gscheit frei war. Na hätt da Dillinger aa bloß wartn müßn, und bei dene Stundenlöhne heit, Sie, des geht dann fei ganz schön ins Geld. Aber er, der Dragan, duat sie halt a weng hart, wei sei Kollege, da Miroslav, heut net da is. – Ja, mei, wartma halt wieder ...

Sepp wartet, trinkt Bier, ab und zu fliegt eine Schaufel Dreck vorbei.

SEPP: Wenn S' mich um meine Meinung fragen, also, i glaab, der kimmt heit nimmer. Wei in Töging hätt er ja aa vorbeischaugn solln, beim Obermayr, da hab i aber angrufn, und da is er überhaupts net gwesn, und drum denk i mir, daß er, wenn er überhaupts no kimmt, zerscht beim Obermayr vorbeischaut, und na schafft er's ja vor Feierabend nia mehr. Na müaßma's wieder zuaschaufeln, wei morgen is scho Freitag. – Moment, i sag's eahm. Ah, du, Dragan! He, Dragan! Dillinger wahrscheinlich heute nix mehr kommen. Also, eine halbe Stunde du noch aufschaufeln, und wenn Dillinger dann no net dasein, dann du wieder zuschaufeln, aber wahrscheinlich Dillinger heute nicht mehr kommen, oder was moanst du? – Sie, der Dragan meint aa, des wird heut nix mehr. – Ja, i glaab, des hat jetzt koan Sinn mehr, wei daß da Dillinger heut no kimmt, des is äußerst unwahrscheinlich. I glaab, i sag's eahm glei, wei mir müaßma ja heit no fertig wern. Ah, du, Dragan! He, halt, stopp! Nix mehr freischaufeln! Du jetz besser raufkommen und wieder zuschaufeln! Weil morgen ja schon Freitag!

DRAGAN: *steigt mit Schaufel aus dem Kanalloch* Gutt. *Beginnt wieder einzuschaufeln.*

SEPP: Jetz laß i eahm derweil wieder zuaschaufeln, wei wenn da Dillinger wirklich noch auftauchen sollte, na konn er's ja oiwei no wieda freischaufeln. Mei, mit dem Dillinger, glauben S' ma's, des is oiwei desselbe ...

Das Interview

Am Eingang des Flughafenankunftgebäudes spielt eine uniformierte Blaskapelle die letzten Takte eines Marsches. Fünf Männer mit Sonnenbrillen und arabischer Kluft hören sich das Konzert an, daneben Empfangsdelegierte in europäischen Straßenanzügen. Ein Tonmann überprüft sein Mikrofon. Ein Simultandolmetscher und eine Reporterin in Wartestellung. Die Musik ist zu Ende. Dünner Applaus.

REPORTERIN: Meine sehr verehrten Damen und Herren, wir haben hier zu Gast bei uns Herrn Muhammed Aljussuf Ali Ben Bakr Abu Aljussuf Ben Schalim, der sich zur Zeit in Deutschland aufhält. Und nun zugleich die Frage: Herr Muhammed Ali Ben Bakr Ben Schalim, Sie sind in die Bundesrepublik Deutschland gekommen, um nicht nur private, sondern auch andere Interessen zu vertreten.

DOLMETSCHER: *beginnt ab »Frage« simultan* Mister Abu Bakr, do you have any other interests, more private invested, I mean money, in the Bundesrepublik Germany, or what do you think about it.

Muhammed Aljussuf Ali Ben Bakr Abu Aljussuf Ben Schalim legt in bestem Arabisch los, wobei er sich allmählich steigert.

DOLMETSCHER: So – aha – ah so, ja, er meint, also in dem Sinn, er sagt, im Grunde genommen – haha, ja – es ist doch so – weil andererseits – ja, genau – ah geh, na so – ja, was is des, er sagt, augenblicklich bei dieser Sachlage, also Öl. Ja, genau, Öl.

REPORTERIN: *beginnt ab »in dem Sinn« simultan* Herr Bakr meint – er spricht die internationalen Beziehungen an, hinsichtlich im Grunde genommen überregionaler Phänomene – wobei andererseits durchaus Fragen offenstehen, die expressis verbis augenblicklich bei dieser Sachlage der Erläuterung bedürfen, durchaus oder besser gesagt, Öl. Mit anderen Worten: Öl. Hoffen wir also auf eine fruchtbare Erweiterung der Beziehungen zwischen Ihrem und unserem Lande, Herr Bakr. Wir bedanken uns für das Gespräch und geben zurück ins Studio.

DOLMETSCHER: Thank you, Mister Bakr, for that interesting speech.

BAKR: Nein, nein, du haben falsch iebersetz, gesagt will sagen, in Europa gehn die Lichter aus.

Die Blaskapelle setzt erneut ein.

Moslem-Man-Power

Hof einer Speditionsfirma. Heinz Brei, Unternehmer, steht am Büroeingang.

BREI: Und dann schicken S' noch amal a Mahnung an die Firma Fabian. Die solln jetz endlich zahln. Sonst kemman mir mit'm Rechtsanwalt. Ja, also, kommen S' amal mit, ich zeig Ihnen alles. Also, ich hab meine Firma in den letzten Jahren vollkommen umstrukturieren müssen. Des war, also wegen des allgemeinen Kostendrucks, also war des nicht mehr anders möglich, und auch aus humanitären Gründen, weil welcher anständige Deutsche macht Eahna des heute noch ... Ich beschäftige derzeit insgesamt siebenundzwanzig Personen, wovon allerdings eben, wie gesagt, außer mir nur noch vier Deutschstämmige personell zu Buche schlagen, gell, drei Fahrer und eine Sekretärin. Der Rest, des war bisher vorwiegend Personal aus der Türkei. Vor allem aus der östlichen Türkei, so Anatolien und so, aber zur Zeit is unser Betrieb dabei, auf Arbeitskräfte aus Fernost umzurüsten.

Zwei Türken beladen einen Lastwagen.

Da, des is der Herr Kemal und der Herr Öztürk, des san noch zwei Osmanen, aber de ham heut hier ihren letzten Arbeitstag. Ich habe also das Arbeitsverhältnis auflösen müssen, weil ich bemerkte einigen Tätigkeiten gegenüber eine gewisse Reserviertheit, da sans also unverschämt wordn, und dann hams auch noch gewerkschaftlich geliebäugelt, und so was kann ich mir als mittelständischer Betrieb nicht leisten. Wenn da jeder daherkemmad, na kanntn mir zammpackn.

Ein Pakistani taucht aus einem Gully auf.

No, Abdul, wie weit samma? Sind die Batzn weg? Ja, gut ausräumen alles. Da, wenn ich vorstelln darf, des is unser

Herr Abdul, einer meiner neuen Mitarbeiter aus Fernost. Der Herr Abdul is aus Belutschistan, er wartet grade auf sein Asyl. *Zieht Tablette aus der Hosentasche.* Da, Abdul, für dich. Schön einnehmen. Im Munde zergehn laßn, lutschen. – I verabreich eahna oiwei a Vitamin C, dann is aa Kalzium drin, auch so Mineralstoffe und Spurenelemente und Antibiotika, des is a ausgewogene Dosierung, da hams dann ois, was sie brauchen. Weil sie sind keine großen Esser, aber in unserer Branche, also in ara Spedition, da müssens doch oft ganz schön hinlangen, grad beim Schleppen. Jetz zeig ich Ihnen amal die Unterkünfte. Freilich, wir sind hier kein Luxushotel. *Deutet auf Lastwagengaragen.* Aber die Herren sind ja einiges gewöhnt, daheim hams ja auch nix anders. Gell, also, wie man mit dem Nötigsten zurechtkommt, des wissen die eh, und es is ja auch nur a Zwischenlösung. Weil die meisten von dene san ja nur vierzehn Tag bis drei Wochen da, also, bis eahna Asylverfahren entschieden is, und, im Vertrauen unter uns gsagt, in dene zwei Wochen müssen se sich dann ja praktisch auch rentiert haben, Sie verstehn. Also, da, da sind dann alle dreiundzwanzig Herren einquartiert. Die sparen sich dadurch den Weg zum Arbeitsplatz, sie sind unter sich, also direkt fast wie daheim.

Zwei Pakistanis schleppen ein Schrankwandteil vorbei.

Obacht! Aufpassen! Das sind Möbel! Vorsicht! – Des kennen die net, Möbel . . . Sie, mei Transportversicherung dad fei für Transportschäden nicht aufkommen, wenn die wüßtn, daß ich nur noch Pakistani beschäftige. Da sieht ma halt, daß es doch immer noch Ressentiments, also Vorurteile, gibt in unserer Bevölkerung. Überhaupt, man wird heute mit enormen Problemen belastet, wenn man sich dieser Leute annimmt. Also, man muß findig sein, weil offiziell geht da heutzutage nicht mehr viel, de Behörden blockiern fast ois, obwohl die Nachfrage nach Beschäftigung gerade in diesen Kreisen außerordentlich groß ist. Also die Behörden san da stur. Ma muß es auf der anderen Seite auch amal so sehn: Deutschland spart sich dadurch eine Menge Sozialballast.

Der Krankenstand is bei meinem Betrieb inzwischen auch praktisch bei Null, auf Sauberkeit wird bei uns sehr geachtet, scho wega der Seuchengefahr, und wenn wirklich amal einer krank wird, ich hab meine Bezugsquellen, ich hab da keinerlei Probleme, daß ich die betreffende Person austausch, aber des is sehr selten, weil diese jungen Leute, die wollen eben noch arbeiten. Mir ham auch gewisse Vorsichtsmaßnahmen getroffen, also, die Fremdenpolizei, die is bei uns noch nie fündig geworden, es is halt alles eine Frage der Organisation. Jetz passen S' amal auf.

Er bläst in Trillerpfeife, sämtliche Pakistanis verschwinden in diversen Löchern.

Sehn S' as, die san unheimlich gut trainiert, sich zu verstecken, die wissen genau, es geht um ihren Arbeitsplatz.

Er pfeift dreimal, die Pakistanis tauchen wieder auf.

Weitermachen, gell! – Schön weitermachen.

Ein Lastwagen kommt auf den Hof gefahren.

FAHRER: Servus, Heinz, i hab wieder oa. Brauchst was?

BREI: Ja, oan kannt i no braucha. – Sie müssen entschuldigen, ich hab jetz zu tun . . .

FAHRER: *klopft an große Werkzeugkiste* Hallo, Sportsfreunde, mir san da. *Zwei Pakistanis schälen sich aus der Kiste.*

BREI: Naa, oana glangt ma daweil. Den andern bringst am Ismeier Winfried, der suacht verzweifelt oan, weil dem hams grad sei ganze Belegschaft ausgwiesn. *Deutet.* Da, den rechtn nimm i. – Ah, is der scho desinfiziert?

FAHRER: Naa, i hab 'n grad frisch neikriagt, aber de san guat beinand . . .

BREI: Na geht's erst amal obi in'n Keller zum Desinfiziern, und dann weist eahm ei.

Der Fahrer zieht einen Pakistani aus der Kiste, drückt den anderen wieder in die Kiste, Deckel zu, nimmt den einen und geht mit ihm in Richtung Keller.

Achmed muß nach Hause

Achmed muß nach Hause,
Ausweisungsstempel is da.
Achmed muß nach Hause,
Rausschmiß aus Firma is nah.

Achmed muß nach Hause,
Muß zuruck nach Anatolia.
Achmed muß nach Hause,
hat nix Gluck in Alemania.

Alles Formular gebracht,
Auto, Arbeit – fort über Nacht,
nur gutt Freund, Achmed gedacht,
Ausländersalterfräulein hat gelacht.

gesprochen

»Weil ich sagen zu Seff,
Mensen geben immer nur Fußdritt.
Ich sagen, Seff, das ist
keine sosiale Klimaa!«

Achmed muß nach Hause,
kommen mit Seff nix mehr klar.
Achmed muß nach Hause,
Arbeit für Achmed is rar.

Achmed überhaupt nix slecht,
Ausländer nur Arbeit mecht,
Achmed sei nur arme Knecht,
Ausländersalterfräulein nix gerecht.

Achmed muß nach Hause,
Ausweisungsstempel is da.

Achmed muß nach Hause,
muß bald raus aus Alemania . . .

gesprochen

»Seff sagen, er sei Mitleid,
also so ohne Steuerkarte un so,
swarz ich son darf weiterarbeit,
weil Seff sozial . . .«

Im Staatsdienst

Vitus Maria Deutelmoser sucht in seiner Aktenmappe.

Herrgottsakrament, wo is denn das Dessert? Allwei vergißts mein Nachspeiserl. Wenn ich meinen Dienst so tätigen würde, wie meine Frau den Haushalt, wie die den Haushalt schmeißt, dann würde der Steuerzahler spitzen. Aber Gott sei Dank haben wir ein Pflichtgefühl. *Für sich* Ah, da hats es versteckt. *Beißt in einen Apfel, kaut.* Ah, was wir leisten, geht auf keine Kuhhaut, weil wenn mir net dawärn, müaßadn de ganzen Ausländer hier ohne eine Genehmigung, müaßadn die hier frei herumlaufen, net, einfach a so, und das wäre doch eine Schlamperei, die wo seinesgleichen sucht! Wenn man bedenkt, wie viele Ausländer es gibt. Genaugenommen sind's ja alles Ausländer, nur der Deutsche nicht, und sogar da gibt es Grenzfälle. Ja, Sie wern's jetzt nicht für möglich halten, aber es gibt immer noch Ausländer, die wo . . . die wo kein fließendes Deutsch reden. Ja, ich . . . mir ham's doch auch lernen müssen, und spreche ich heute noch ein fließendes Deutsch. Der deutsche Besinnungsaufsatz is schließlich weltberühmt. Weil ein gutes Deutsch, des wo einer heut, des is so, wie wenn ma, verstehn Sie, des is so, wie wenn ma amal sagad, net, des is quasi eine Rückendeckung für das ganze Leben. Und vor allem Grammatik, net. Da muß man Wert drauf legen, weil da, darin liegt die deutsche Präzision, net, von einem ausländischen Geist hat man ja noch nie was gehört. Weil wenn der Deutsche amal den Geldhahn zudreht, net, is das Ausland erledigt. Net? Aber dann kammadn ja noch mehr Ausländer, drum zahln mir ja, daß der Ausländer im Ausland bleibt. Net? Um das aber finanzieren zu können, müssen mir natürlich – ah – noch mehr, ah, Ausländer hereinnehmen, und darin liegt das Problem. – Sie sehn also, welch eine Verantwortung wir hier haben, net, da herin, und drum bin ich auch ein Spezialist von der Ausländerabteilung, net, des war schon immer mein Wunschtraum, net, und ein

Jugendtraum aa. – Sie müaßn Eahna vorstelln, unser Amt, des war ja schon da, da hat's überhaupt noch gar keinen Ausländer nicht gegeben. Net? *Türklopfen, ein schneller Apfelbiß, dann leise* Hoppla, jetzt moan i, kimmt oana. *Laut* Herein!

Das Kalkül

Kioskbesitzer Karlheinz Pfeiffer kalkuliert.

Ja, es ist doch eine Zumutung, des ist ja des ganze Schlamassel, net, dann kommt er daher und sagt zu mir, wo ich zu ihm gsagt hab, Herr Wild, sag ich, des müssen Sie doch zugeben, net, weil Sie sind ja schließlich Großbäcker, und, sag ich, Sie können ja die Investitionen betätigen, aber unsereiner muß ja schließlich schaun, wo ich bleib, net, wo, wo das Ganze sich doch in eine Unrentabilität hineingesteigert hat, quasi . . . Das hat es ja damals auch schon geheißen mit dem neuen Sturmgewehr, net, na haben die Leute alle gsagt, ja, *wenn's* zum Tragn kommt, net, *dann*, net wahr. Dann! Net, aber nur dann, da hat's geheißen, hin, net, und was is nachher gewesen? Und wer soll denn des Ganze heutzutage, wo's nix mehr ghabt haben, wo unsereiner mit den Verpflichtungen, net, des ist doch ein Schwindel, des ist unlauter, wo der Staat nur drückt und drückt, und hinterher heißt's dann mit der Dankbarkeit, daß man sich erkundigen soll, indem der Ausländer, i . . . i . . . i will ja gar nimmer reden . . . Weil, sind wir uns ehrlich, wer muß es ausbaden, wer soll es dann verkraften? Ich will Ihnen was sagen, ich sag überhaupts nichts mehr, weil: Die sollen so weitermachen.

Dieser Rüsslinger

NACHBAR 1: Kennen Sie diesen, diesen wie heißt er denn, äh, Rüsslinger, glaub ich, Rüsslinger, Botho oder Bertram? Der ist doch, äh, Kunstmaler oder so was Ähnliches, oder vielleicht musiziert er auch, ich weiß nicht genau, aber der soll ja sagenhaft gut sein.

NACHBAR 2: Rüsslinger?

NACHBAR 1: Der Rüsslinger, ja, ein, also, ja, ich versteh das auch nicht, also, oder lebt der überhaupt noch?

NACHBAR 2: Ich kenn ihn nicht.

NACHBAR 1: Sie kennen ihn gar net. Also, jetz bin ich überfragt, also aber der is doch der, der hat doch diese neue Bewegung doch da neigsetzt, äh, auf'm, net Theatersektor, naa, jetzt sagen Sie 's mir, oder is er a Wissenschaftler ...

NACHBAR 2: Kino?

NACHBAR 1: Nanaa, Kino is er net. – Ah, neein! Das is die neue Bäckerei da vorn bei der Leopoldstraße, jetzt hamma's.

NACHBAR 2: Ah ja, Bäckerei Rüsslinger. Genau.

Der zuständige Mann

Lothar Fürst sitzt in seiner Pförtnerloge. Frau Wehrmann betritt den Amtsvorraum.

HERR FÜRST: Zu wem wollen Sie?

FRAU WEHRMANN: Ja, i brauch a Bestätigung vom Wasserwirtschaftsamt. I war schon amal da, des is so a Klärgruam, ich hab da gsprochen mit einem Herrn Schätzle oder so ähnlich.

HERR FÜRST: Der Herr Schätzle ist zu Tisch.

FRAU WEHRMANN: Ja, aber mir is gsagt worn, bis zwölf Uhr is Parteienverkehr.

HERR FÜRST: Ja, schon möglich, aber ab elf Uhr haben wir Mittagstisch.

FRAU WEHRMANN: Aber is da sonst kein Zuständiger da?

HERR FÜRST: Mei, gnä' Frau, mir ham hier gleitende Arbeitszeit. Schaun S' mich an, ich war schon beim Essen, da ham S' a Glück ghabt, sonst war net amal ich da, wie gsagt, ab elf Uhr is hier Mittagstisch. Und zwar bis vierzehn Uhr.

FRAU WEHRMANN: Ja, aber ich komme jedesmal extra von Aschheim rein in die Stadt. Ich hab ja vorher angrufen, man hat mir gsagt, bis zwölf Uhr Parteienverkehr.

HERR FÜRST: Im Prinzip ja, bis zwölf Uhr Parteienverkehr, aber ab elf Uhr is Mittag.

FRAU WEHRMANN: Ja, aber ich komm doch nicht extra, ja, des is doch, es is, ja aber, des geht doch gar net, es muß doch hier irgend jemand zuständig sein.

HERR FÜRST: Ja, zuständig san viele hier, aber de san jetz net da.

FRAU WEHRMANN: Sie, des is fei allerhand, entschuldigen S', da muß doch jemand zuständig sein.

HERR FÜRST: Gut, wenn S' moana . . . *Wählt eine Nummer.*

Herr Krüger, ein Beamter, geht vorbei.

Mahlzeit, Herr Krüger.

HERR KRÜGER: Mahlzeit. Was gibt's 'n heut?

HERR FÜRST: Sauerbraten.

HERR KRÜGER: Ah ja. *Ab.*

HERR FÜRST: Da, der Herr Krüger, der wär auch für Sie zuständig gwesen.

FRAU WEHRMANN: Aber warum ham S' 'n dann bitte nicht aufgehalten?

HERR FÜRST: Sie ham doch grad gsehn, daß er zum Essen geht. *Ins Telefon* Jaa, grüß Gott, Herr Deutelmoser, Fürst vom Empfang am Apparat. Sie, Herr Deutelmoser, da is eine Dame wegen irgend so aner Wwwawa . . .

FRAU WEHRMANN: Wegen Wasserwirtschaftsamt, Klärgrube.

HERR FÜRST: Wega, äh, irgend so a Wasserwirtschaftssache, gell, des is am Schätzle oder am Krüger, jaja, jaaja, haha, jaja, Sie ham da nix . . .

Zu Frau Wehrmann Er hat damit nix zum Dua, aber Sie können ja selber . . . *Ins Telefon.* Moment . . . *Übereicht Frau Wehrmann den Hörer.*

FRAU WEHRMANN: Ja, guten Tag, Wehrmann. Ich war bereits zweimal hier, äh, und wollte, äh, einen Herrn Schätzle sprechen. Jedesmal war Ihr Herr Schätzle im Urlaub, das andere Mal in Kur, heute is er beim Essen, und nachmittags is er nicht zu sprechen. Ja, aber ich komm ja jedesmal extra von Aschheim hier rein in die Stadt, ich weiß also nicht, wie oft ich hier noch wegen so einer Bagatelle, äh, hier, äh, nachfragen soll. – Äh, das ist mir ganz egal, jaja, neinnein, ich geh erst wieder, wenn ich den zuständigen Herrn gesprochen habe. Das ist mir ganz egal! *Knallt den Hörer auf.*

Ein Subjekt betritt den Raum und bleibt stehen.

SUBJEKT: Guten Tag . . .

HERR FÜRST: Gell, i hab's Eahna glei gsagt.

FRAU WEHRMANN: Das is mir jetz egal. Ich bleibe hier so lange, bis ich hier überhaupt jemand erwische, der hier zuständig ist.

HERR FÜRST: Da können S' lang warten. Der Herr Schätzle is beim Essen, und der Herr Krüger is grad zu Tisch, des ham S' selber gsehn, und der Herr Deutelmoser is net zuständig.

FRAU WEHRMANN: Ja, dann warte ich eben, bis dieser Herr Krüger zurückkommt.

HERR FÜRST: Des wird Eahna aber heit nimmer vui helfa, weil wenn er zruck is, is kein Parteienverkehr mehr. Da müssen S' halt morgen zwischn acht Uhr dreißig und zwölf Uhr wieder vorbeischaun. Da ist Parteienverkehr.

FRAU WEHRMANN: Ja, aber jetz is es doch noch gar nich zwölf Uhr!

HERR FÜRST: Ja schon, aber mir ham gleitende Mittagszeit. *Zum Subjekt* Was wolln Sie?

FRAU WEHRMANN: Das ist, das ist, also so was, also das ist, das ist, also wirklich, also ich weiß nicht . . .

HERR FÜRST: Wiederschaun, gnä' Frau. *Zum Subjekt* Also, was wolln Sie?

SUBJEKT: Ja, ich hätte gern . . .

HERR FÜRST: Gehnga S' amal her.

SUBJEKT: Ich hätte gern ein Antragsformular wegen einer Dachstuhlerneuerung.

HERR FÜRST: Gehnga S' amal her. Können S' lesen?

SUBJEKT: Ja, wieso?

HERR FÜRST: Gut, dann schaun S' amal. *Deutet auf eine Uhr, die Uhr schnappt von einer Minute vor zwölf auf Punkt zwölf Uhr.* Da schaun S' her, und des stimmt, kennan S' vergleichen. *Zeigt seine Digitalarmbanduhr; Subjekt schaut auf seine Uhr.* Also, Wiederschaun.

Ausgehvorbereitungen

Ein gutbürgerliches Schlafzimmer. Otto und Rosa Stoiber machen sich gerade ausgehfertig.

OTTO: Herrschaftseitn, Rosa, wo hast du 'n wieder den Peacemaker hidoa?

ROSA: Ja, ich weiß doch net, du hast 'n ja zletzt anghabt. Nimm halt derweil die Walter.

OTTO: De is zu schwer.

ROSA: Naa, ich mein die Sechsschuß.

OTTO: Ham mir da noch a Munition?

ROSA: De is doch noch geladn, von wie mir in der Philharmonie warn.

OTTO: Ah ja, na nimm i die derweil. *Summt eine Opernmelodie vor sich hin.* – Du, Rosa, hilf mir gschwind, de Kugelwestn zuamacha.

ROSA: Sofort, Moment. *Hilft.* Mein Gott, du werst aa oiwei dicker, da brauchst jetz bald a neue ...

OTTO: Ich versteh des net, daß du immer noch ohne Kugelweste rumläufst.

ROSA: Mei, für Frauen gibt's da nix Gscheits. A Weste über dem Kleid, wie schaut 'n des aus.

OTTO: Des is a falsche Eitelkeit. Bis mir daheim san, is es mindestens elf Uhr nachts, und mir ham dreihundert Meter zu Fuß durch die Fußgängerzone, da geht koa Taxi und nichts ...

ROSA: Daß de Ströbels auch immer so gefährliche Lokale aussuchen.

OTTO: Mei, ma ißt halt gut. Aber du woaßt ja, was um die Zeit für a Gsindl unterwegs is.

ROSA: Ja, vor dene Diskothekn, da stehngas regelmäßig umanand, lauter so Jugendliche und Kriminelle ...

OTTO: Da wenn ma net aufpaßt, is's scho zu spät. *Prüft seinen Totschläger.*

ROSA: D' Frau Ströbel hat jetz an Karatekurs angfangen, weil sie sagt, diese Jugendlichen wern ja immer mehr, die nehmen ja dermaßen überhand, sie sagt, ma möcht nicht glaubn, wie viele Jugendliche daß es gibt.

OTTO: Und de ganzn Ausländer und Arbeitslosn, da wennst net aufpaßt, is's schon zu spät.

ROSA: Mein Gott, Otto, was mach ich jetzt? Schau, zu dem Kleid paßt nur die Perlentasche, und da paßt jetz de Gaspistole net nei. I hab schon an Deospray rausgnommen, aber es geht net!

OTTO: Zieh halt a anders Kleid an, wo de Krokotaschn dazupaßt.

ROSA: Naa, de Zeit ham mir nimmer, mir san eh scho knapp.

OTTO: Dann nimmst an Tränengasspray mit, weil unbewaffnet gehst du mir nicht aus dem Haus ...

Es läutet, Otto und Rosa zucken zusammen, schauen sich an.

ROSA: Wer kann des sein?

OTTO: Weiß net, schau mal ...

Gemeinsam schleichen sie zur Eingangstür, Rosa öffnet zwei Sicherheitsschlösser, hängt Sichtkette vor, Otto entsichert seinen Revolver und steht schußbereit da.

ROSA: Hallo, wer da?

Stimme ruft von draußen Unverständliches.

ROSA: *öffnet die Tür einen Spalt* Hallo, wer ist da, bitte?

STIMME: As Taxi für Stoiber!

ROSA: Ah ja, san S' scho da? Moment, mir kommen glei. *Tür wieder zu.* As Taxi is's.

OTTO: Der Stimme nach is der Fahrer a Deutscher. *Steckt Revolver in das Schulterhalfter.* So, Rosa, ham mir alles? Is der Safe zu?

ROSA: Sowieso. Halt, mein Tränengas. – Alarmanlage?

OTTO: Jaja, scho eigschaltn. Schlüssel?

ROSA: Hab ich.

OTTO: Kartn?

ROSA: Hab ich.

OTTO: So, na gehn mir. Was gibt's denn eigentlich heut, was spuins 'n?

ROSA: »Entführung aus dem Serail«.

OTTO: Des aa no, sperr fei guat ab.

Die Bunkerführung

Ferdinand Weitel steht vor seinem fast fertigen Einfamilienhaus und erklärt:

Also, wenn's heuer noch zum Atomkrieg kommen sollte, dann bin ich gefeit. Weil in drei Wochen is er fertig, mei Bunker. Ich mein, eigentlich hätt er ja scho im Mai oder Anfang Juni fertig sein sollen, aber des hat sich dann doch a bißl hinzogn wega dene Zuschüsse und wega de Extras. Der Bunker is auf siebzehn Jahre konzipiert für vier Erwachsene und zwei Kinder, des heißt, die Kinder san ja dann am Schluß aa scho erwachsen. Weil normalerweise planens es ja nur auf acht bis zwölf Jahre. Und mir ham des dann auch optimal kombiniert, Sicherheit und doch a bißl an Komfort. Schaugn Se sich's an! *Winkt und geht voran in die Kellerräume.* Mir ham a Sauna drin, Gesellschaftsspiele, Brettspiele, so Mikado, Monopoly, is ja klar, weil in dieser langen Phase der Enthaltsamkeit, da muaßma ja was für die Psyche tun, sonst werst ja trübsinnig. Dann ham ma so Musikkassetten, Stereo, an Heino hamma, d' Vicky Leandros, für festliche Stunden, an Weihnachten sagn mir amal, an Mozart oder an Beethoven, für die Kinder dann an Frank Zappa. Ganz wichtig, die Lebensmittel. Mir ham vier Parzellen randvoll gestaffelt mit Grundnahrungsmitteln, Mehl, Trockenei, Milchpulver, gell, in meiner Familie sans alles leidenschaftliche Mehlspeisenesser, und ich mein, wichtig ist auch dieses Wasserumwälzgerät. Aber ein echter Kostenfaktor ist dieser Luftfilter. Der is hundert Prozent seuchensicher, ich mein, des muß er auch sein, weil sonst kann ich ja gleich draußn bleiben. *Zeigt auf einen Umgebungsplan von München.* Der Bunker is in Taufkirchen, also genau 18,3 Kilometer von meinem Arbeitsplatz entfernt. Und, ich hab auch an Schleichweg, mußma ja auch. Weil wenn der Ernstfall kimmt, irgendeine Panik, und na zerstrahlt's es alle. Da kimmt zerscht amal diese Druckwelle, die haut se alle amal umanand, weil d' Leut san ja so unvernünftig, und den Rest zerstrahlt ja dann der Pilz selber. Also, ich bin ein regelmäßiger Bayern-drei-Hörer. Bevor da überhaupt a Sirene pfeift, bin ich schon drunten. Des heißt, ich und meine Familie. Und zwar ausschließlich, es sei denn, es is jemand ganz stark blutsverwandt. Also, wenn da irgenda Bsuch kamad, na müaßtma sich grad verabschieden, gell? Wenn jetzt der Atomkrieg an am Wochenend stattfinden sollte, dann entfalladn natürlich diese Anfahrtswege, na gangad i glei abi in'n Bunker. Wie gsagt, mir allein, weil sie müssen nämlich bedenken, allein eine einzige Person, die haut uns ja gleich drei bis vier Jahre zruck, proviantmäßig, und na samma am Schluß alle mitanand hin. *Zeigt eine Statistik*. Nach diesen expertenstrategischen Sicherheitsüberlegungen platzt die Bombe im Münchner Norden, genauer: zwischen München-Nord und München-Mitte. Der Vernichtungskoeffizient hängt jetzt natürlich von der Großwetterlage ab. Ich mein, bei Föhn, da machad's mir weniger aus, weil daß s' nach Tirol eine neischmeißen, des halt ich für unwahrscheinlich, des waar ja direkt nausgschmißn. Nein, die Bombe kommt zwischen dem Raum Garching bis Ismaning zur Zündung, und zwar in einer Höhe von 800 bis 1200 Meter Höhe, weil das is ja der optimale Vernichtungsradius einer Wasserstoffbombe heute. Bei einer Steuerfunktionsstörung, kann sein, daß s' nach Ottobrunn oder Landshut treffen, weil die wolln ja den Raum Ingolstadt aa no mitnehmen. Wenn s' ins Erdinger Moos neitreffen, na müaßns glei no oane nachschickn. As einzige, wos, sagma mal, schlecht ausschaugad, is, wenn die Bombe direkt, also direkt über Taufkirchen, detoniert. Aber des halt i für sehr unwahrscheinlich, des is äußerst unwahrscheinlich. Also, davon geh ich net aus. Davon kann ich gar nicht ausgehn.

Katastrophenalarm

Eine Alarmsirene pfeift. Im Teppenhaus eines Schulgebäudes biegt eine Klasse um die Ecke ab, Antje Perwallner, die Lehrerin, voran.

FRAU PERWALLNER: Hier über den Hauptaufgang ist der kürzeste Weg, Kleinschmidt, das ist hier kein Volksfest, sondern Atomalarm, also bitte ...

Herr Peter Schwertling, der Hausmeister, kommt der Schulklasse entgegen.

HERR SCHWERTLING: Wo wolln S' denn hin, Frau Perwallner?

FRAU PERWALLNER: Gut, daß ich Sie hier treffe, Herr Schwertling, haben Sie alles aufgesperrt?

HERR SCHWERTLING: Was 'n, wieso?

FRAU PERWALLNER: Ja, ist der Keller offen? Atomalarm!

HERR SCHWERTLING: Ja, genau, Atomalarm, grad hab i zugsperrt.

FRAU PERWALLNER: Was? Sie haben den Keller zugesperrt? Wie kommen wir denn in den Keller?

HERR SCHWERTLING: Ja gar net, die Woch überhaupts net, strenge Anweisung vom Natusius, solang gweißelt wird, bleibt der Keller zua.

FRAU PERWALLNER: So geht das nicht, das ist ja der Sinn der Übung.

An die Schüler Bitte, Ruhe, das haben wir gleich geklärt!

Wieder zu Schwertling Wenn wir nicht in den Keller können, brauchen wir ja gar keinen Atomalarm.

HERR SCHWERTLING: Ja, damit hab ich nix zum Dua, strengste Anweisung vom Natusius.

FRAU PERWALLNER: Aber Herr Schwertling, in drei Minuten könnten im Ernstfall die Raketen dasein, das is doch der Sinn des ganzen Alarms.

HERR SCHWERTLING: Des konn scho sei, aber i kriag dann hinterher vom Natusius wieder oans auf'n Deckel. In'n Keller kommt mia koana nei. Ja, i muaß die Brezn herrichten, d' Pause geht glei o. Macha Sie 's wie S' wolln. *Geht.*

FRAU PERWALLNER: *schnauft, dann laut an die Schüler* Also, alle mal herhörn: Wir begeben uns jetzt nicht in den Keller, sondern wir verlassen das Schulgebäude, gehen diszipliniert in den Schulhof und warten dort auf weitere Instruktionen . . .

EIN SCHÜLER: Was? Bei dem Regen? So a Sauwetter . . .

FRAU PERWALLNER: Ja, im Ernstfall könnt ihr euch das Wetter auch nicht aussuchen. Also los!

Frau Perwallner geht allein voran, die Schüler folgen nur zögernd.

EIN SCHÜLER: Sie, Frau Perwallner, was wäre jetzt gewesen, wenn des ein richtiger Atomalarm gewesen wäre?

FRAU PERWALLNER: Das ist eine gute Frage, Huber. In diesem Fall hätte Herr Schwertling den Keller aufgesperrt haben müssen, laut Schulordnung hätte ich ihn dazu zwingen können.

Der Grünwald-Spaziergang

Herr und Frau Röhring befinden sich auf einem Abendspaziergang. Ein Chauffeur hält einer Dame die Tür auf, die Dame steigt ein, der Wagen fährt los. Ein Schäferhund bellt.

ACHIM: Na, ich würd mehr für den Bodybuilder plädieren.

INGRID: Ja, aber der Schmächtige ist lang net so auffällig. Der muß ja überall mit.

ACHIM: Ja, irgendwann spricht sich's eh rum, daß mir an Wächter haben.

INGRID: Dem Schmächtigen siehst des aber nicht an.

ACHIM: Der Bodybuilder dad a Gartenarbeit mit übernehmen.

INGRID: Ja, aber der Schmächtige kann kochen.

Eine Alarmanlage brüllt auf.

ACHIM: Wem sei Anlag is 'n des?

INGRID: Ich glaube, beim Dr. Mechow. Die sind doch zur Zeit in Sao Paulo.

ACHIM: Is aa leichtsinnig, daß die niemand im Haus lassen haben. Ob ma amal nachschaun soll?

INGRID: Bist deppert, am Schluß kriagst no oane drauf. De san doch versichert ...

Drei Schäferhunde kläffen, einer nah und laut.

ACHIM: So a Hund war übrigens aa net schlecht.

INGRID: Ja, aber des ewige Gassigehn.

ACHIM: Ja, der Bodybuilder dad des jederzeit mit übernehmen.

INGRID: Ja, und während die Gassi gehn, wern mir überfalln, außerdem machad des der Schmächtige aa ...

EIN LEIBWÄCHTER: *spricht in ein Walkie-Talkie* Biene Maja an Alpha drei, was is 'n da los bei euch? Biene Maja an Alpha drei, he, Schorsch!

WALKIE-TALKIE: Des war a Fehlalarm vom Gärtner ...

EIN LEIBWÄCHTER: Okay, verstanden. Roger.

ACHIM: Da, der Dr. Schmidt, der hat gleich drei Leibwächter.

INGRID: Der is aa no mehr gefährdet wia mir.

Ein Mercedes parkt gerade langsam in eine Garage ein.

ACHIM: Der Bodybuilder hat fei vui mehr Berufserfahrung, der war scho mal Schwarzer Sheriff.

INGRID: Ja, an U-Bahnhof überwachen is ja aa schließlich ganz was anders wie aso a Villa.

Ein Gärtner mit Antenne im Genick schneidet eine Hecke.

ACHIM: Guten Abend. Na, war irgendwas Besonders?

Ein Rolle rattert herunter.

GÄRTNER: Na ja, eigentlich nix.

INGRID: Ham S' es net grad ghört, grad eben ...

GÄRTNER: Ja, des war bei dera Backsteinvilla, mei, Urlaubszeit, da ham die Einbrecher allweil Hochsaison.

ACHIM: Jaja, also dann, guat Nacht.

GÄRTNER: Ja, gut Nacht. Aber, i schaug scho allweil bei Eahna a bißl mit.

INGRID: Ja, des is sehr nett, Herr, äh ...

GÄRTNER: Also dann ...

ACHIM: Ja, guat Nacht.

Achim und Ingrid gehen ein paar Schritte weiter.

INGRID: Und i sog d' as, mir nehmen doch den Schmächtigen, der hat sogar an Waffenschein.

ACHIM: Ja, schiaßn kann der Bodybuilder aa.

Sie kommen an der Haustüre an.

ACHIM: Jetzt sei mal stad.

Man hört Grünwald-Abendatmosphäre, dann einen Knall.

INGRID: War des a Schuß?

ACHIM: Naa, a Rollo.

Achim schaltet per Fernbedienung das Licht an. Das ganze Haus erstrahlt hell.

ACHIM: Ja, ich glaub, mir können.

INGRID: Sieht so aus.

ACHIM: Alles hasenrein.

Die Verantwortungsnehmer

Günter Leim, Herr Rösner und Herr Sittich in einem feudalen Büro. Rösner serviert gerade einen Sekt.

LEIM: Naa, Rösner, koan Sekt, an Champagner. – Wissen Sie, dieser Rösner, der kimmt aus kleinen Verhältnissen, eine gewisse Großzügigkeit muß er erst lernen da bei uns. – Herr Rösner, ich bitte Sie, ma kann doch net alles saufen, was eim angeboten wird.

RÖSNER: Ja, aber das hier ist ein Qualitätssekt, ein Werbegeschenk.

LEIM: Ja, eben, den können S' weiterverschenken oder am Bsuch anbieten, aber doch net mir. Jetzt bringen S' an Champagner, mir ham ja schließlich an Grund zum Feiern, oder, Herr Sittich?

SITTICH: Jawoll.

LEIM: Es ist doch heutzutage so. Schaun Sie: Staat, Länder, Kommunen, Verwaltung, große und kleine Konzerne, Privatwirtschaft, überall geht's in'n Graben, und kein Mensch will die Verantwortung übernehmen. Vierzehntausendachthundert Konkurse allein letztes Jahr; was von der öffentlichen Hand geleistet wird, läuft praktisch aufs selbe raus. – Es wird halt besser verschleiert. Eine gigantische Mißwirtschaft zu Lasten des Steuerzahlers, einer muß ja zahlen. Aber keiner ist bereit, auch einmal zu sagen: Gut, die Sache ist schiefgegangen, ich war's, ich bin verantwortlich. – Und das ist die Marktlücke, in die wir hier praktisch hineingestoßen sind. Wir, die Schilda-Respons GmbH & Co. KG, wir übernehmen jedwede Verantwortung ideeller Art, allerdings natürlich ohne finanzielle Konsequenzen, mir sin ja koa Versicherung. Des macht, wia gsagt, ja der Steuerzahler. Wir übernehmen Verantwortung en gros für große, tragische Fehlspekulationen. Da ham mir zum Beispiel diesen Superflop, diesen schnellen Brüter da in der Nähe bei Karlsruhe. Der kostet den Steuerzahler zwei Millionen Mark pro Tag, und das seit Jahren, für nichts, verstehen Sie, für rein gar nichts. Wenn ma da Konsequenzen fordern würde, müßte a ganze Ministerriege ihren Hut nehmen. Einige sogar rückwirkend, aber a Minister, der Rechenschaft ablegt und zurücktritt, is heutzutage unverantwortlich, des macht ma heit nimmer so. Heute geht die Tendenz dahin, daß man den Verursacher trennt vom Verantwortungsnehmer. Verursacher san praktisch diese maroden Administrationen, und Verantwortungsnehmer sind dann in diesem Fall wir. Weil an Schuldigen braucht ma ja, schon allein für die Presse. Und so ham mir halt zum Beispiel die Verantwortung für diesen schnellen Brüter übernommen, also der Herr Sittich und ich, gell, gegen ein dem Schaden angemessenes Entgelt natürlich, weil auf a Million kimmt's bei sieben Milliarden Schwund aa nimmer drauf zamm. Zumal die Akzeptanz von staatlicher Mißwirtschaft in der Bevölkerung zunehmend wächst. Gut, der Politiker, er könnte die Verantwortung für seine Schweinereien auch nach oben oder nach unten abschieben, aber der Spielraum ist begrenzt. Schiebt er nach oben, kriegt er eins auf'n Deckel, schiebt er nach unten, wird er nicht mehr gewählt. Jetzt steht er allein da mit seiner Schweinerei und dem Damoklesschwert der Verantwortung. Wohin damit? Ganz einfach, hier zur Schilda-Respons GmbH & Co. KG, mir machn des. Unser Herr Sittich zum Beispiel, er is praktisch eine Art professioneller Watschenmann, stimmt's, Herr Sittich?

SITTICH: Jawoll, stimmt.

LEIM: So groß kann die Sauerei gar net sein, daß er nicht dafür gradestehen würde, oder, Herr Sittich?

SITTICH: Sowieso.

LEIM: Da zum Beispiel, Flurbereinigung, ein ganzer Landstrich is praktisch federführend von der Staatsregierung kaputtsaniert worden, Tausende von Prozeßdrohungen, ökologisch is der Landstrich am Kippen, ja, die Regierungsbeamten ham für Konsequenzen gar kei Zeit, die müssen ja neuen Schaden anrichten. Ich sag nur: Großflughafen, Wiederaufarbeitungsanlage, Verseuchung der Weltmeere, Nebelflughafen, Autobahnen. Ja, was glauben Sie, was es da zu tun gibt? Und da braucht man einen satisfaktionsfähigen Partner wie unsern Herrn Sittich. Gell, Herr Sittich?

SITTICH: Jawoll.

LEIM: Der Herr Sittich hat scho als Kind Prügel kriagt für Sachen, wo er gar net schuld war, stimmt's, Herr Sittich?

SITTICH: Ja, des stimmt.

LEIM: Und des macht 'n Herrn Sittich für diesen Beruf so qualifiziert. Weinskandal haben Sie doch auch übernommen?

SITTICH: Ja.

LEIM: Oder so a Landesbank bricht zusammen. Zigtausende geprellte Kleinsparer; die sehen natürlich keine müde Mark mehr. Der Vorstand hat koa Zeit, weil er grad eine neue Bank gründen muß, wer leistet den Offenbarungseid? Unser Herr Sittich.

SITTICH: Ja, jederzeit!

LEIM: Oder junge Offiziere werden in Pension geschickt, grad wenn 's mit der Ausbildung fertig sind. Des kann man doch nicht einem Verteidigungsminister anlasten, bloß weil er des entschieden hat, net, da braucht ma halt Männer vom Schlag eines Herrn Sittich. Schaun S' da, ein ganzer Waschkorb mit Drohbriefen. Ich greife wahllos einen heraus, da zum Beispiel – *er nimmt einen Brief aus einem Korb, liest* – »Sie Drecksau, Sie, Sie gehören aufgehängt.« Man sieht, in der Bevölkerung ist durchaus eine moralische Kraft vorhanden. Da, des schreibt jetzt ein Professor Doktor med., äh, a Oberarzt aus'm Schwarzwald. Also, diese Flut von Aggression und berechtigter Wut kann man natürlich nur durchstehen mit einem gewissen Rückhalt. Der Herr Sittich zum Beispiel ist parteilos, also nicht direkt in der Partei, aber er steht der Partei doch so nahe, daß er neutral sein kann, oder, Herr Sittich?

SITTICH: Jawoll.

LEIM: Wenn's irgendwo brennt, dann sin mir da. Großklinikum: Der Patient ist zum Krüppel operiert, bedauerlich, kommt halt amal vor. Chefarzt ist Alkoholiker, kann man nicht zur Verantwortung ziehen. Der sagt natürlich, des liegt am Patienten, weil er nimmer gscheit zammgwachsn is. Der Patient kann sich dieser Interpretation nicht anschließen, Staat lehnt die Verantwortung ab – wer bleibt übrig? Wir. Der Patient kriegt zwar koa Geld von der Versicherung, aber moralisch ist er aus'm Schneider und kann zum Beispiel am Herrn Sittich an Drohbrief schreiben.

SITTICH: Naa, des hat der Rösner verantwortet.

LEIM: Ah ja, in dem Fall am Rösner, der ist zuständig für Bagatellversagen und Fehlleistungen minderer Art.

Rösner kommt mit einer Champagnerflasche.

LEIM: Ah, da ist er ja, wenn ma an Esel nennt, hahahaha, ham S' 'n jetzt? Wir feiern grad an Großauftrag von der Bundesregierung, mir derfad's ja eigentlich noch gar net sagen, aber im Vertrauen: Der deutsche Wald is hinüber. Keiner will's gewesen sein, es handelt sich immerhin um eine der größten Naturkatastrophen der letzten Jahrtausende, aber mir ham schon an Verantwortlichen. Schaun S' hin, da steht er, der Herr Sittich, gell? Prost, Herr Sittich!

SITTICH: Ja, prost.

LEIM: Gell, Sie verantworten dieses Waldsterben?!

SITTICH: Jawoll, jederzeit.

Die Aussteiger

Heiko Söderbohm sitzt mit Herrn Schmitz in Söderbohms Ferienvilla vor dem offenen Kamin mit Blick in den Garten.

SÖDERBOHM: Wissen Sie, mein lieber Schmitz, ich habe mir das mal approximativ durchgerechnet, ich koste mich selbst, also jede Stunde meines Daseins kostet mich circa vierhundertachtzig Mark. Da ist sie dann schon mit drin.

Er deutet auf seine Frau Ulla, die gerade mit einer Flasche Cognac kommt.

Mit Totalkosten, auch wenn sie schläft oder ich beispielsweise.

ULLA: Herr Schmitz, wolln Sie mal kosten? Hundertfünfundsiebzig Jahre alter Cognac. Den hat Heiko bei einer Konkursmasse ersteigert. Das ist was Wunderbares.

HEIKO: Obwohl – ich habe neulich 'nen ganz ordinären Remy aus'm Supermarkt geordert – schmeckt man kaum 'nen Unterschied.

ULLA: Nee, nee, nun übertreib mal nicht, Heiko, das ist schon ein gewaltiger Unterschied. Kosten Sie mal, Herr Schmitz, allein das Bouquet... *Ulla schenkt Herrn Schmitz einen Cognac ein.*

HEIKO: Mir auch einen, Ulla-Maus. Tja, Herr Schmitz, ich kann Ihnen ja auch mal spaßeshalber vorrechnen, was Ihnen Ihr Dasein so kostet. Das is so 'n Spleen von mir, wissen Sie. Aber die meisten sind erstaunt, wenn ich's ihnen mal ausrechne, wie teuer ihnen ihr Leben zu stehen kommt. Gut, in Ihrem Fall läuft das Ganze natürlich wahrscheinlich etwas preiswerter ab. *Sie* haben kein Ferienhaus am Hals. Schaun Sie, allein nur so 'n offener Kamin beispielsweise...

ULLA: Also dann, erstmal prost, die Herrschaften.

SCHMITZ: Prost.

HEIKO: Prösterchen, Prostata! Schaun Sie, ich bin hier in unserem Feriendomizil vielleicht vierzehn Tage im Jahr. – Höchstens mal drei Wochen.

Schmitz kippt den Cognac in einem Zug runter.

ULLA: *zu Schmitz* Der ist hundertfünfundsiebzig Jahre alt, den müssen Sie mit Verstand trinken.

SCHMITZ: Ach so ...

HEIKO: Ja, ääh ...

SCHMITZ: Darf man hier rauchen?

HEIKO: Na, paffen Sie mal.

Schmitz bietet Heiko eine Zigarette an.

SCHMITZ: Mögen Sie auch eine?

HEIKO: Nö, nö. In meinen Mußestunden gönne ich mir ja ab und an 'ne Havanna, fünfunddreißig Mark das Stück – für mich, is 'n Sonderpreis. *Heiko zündet sich eine Havanna an.* Also, passen Sie mal auf. Insgesamt brennt nun dieser Kamin vielleicht viermal im Jahr zwei Stunden. Ich lasse ihn ja auch nicht immer an – sind acht Stunden, da runden wir auf, sagen wir, zehn Stunden, das rechnet sich besser. Ein Kubik Holz kostet normal einhundertzwanzig Mark, ich muß hier hundertfünfzig Mark zahlen, die Leute meinen ja, ich bin hier Krösus. Na ja, macht also fünfzehn Mark pro Stunde. Aber das ist ja nur das wenigste, das sind die geringsten Kosten. Die Tatsache, daß dieser Kamin überhaupt da steht, macht anteilsmäßig am Gesamtobjekt hier circa dreißigtausend Mark. Vollkapitalisiert sind das dreitausend Mark per anno, sind wir schon bei dreihundertfünfzehn Mark pro Stunde. Und jede Stunde, die ich hier vorm Kamin verbringe, koste ich mich selbst aber schon per se vierhundertachtzig Mark, macht siebenhundertfünfundneunzig Mark.

ULLA: Und dann trinken wir noch 'nen kleinen Cognac, und dann sind Sie schon bei weit über achthundert Mark pro Stunde Kaminfeuer. Aber wenn Sie sich das genau überlegen, bringt das alles nichts. Man zahlt sich hier dumm und dußlich und hat nichts davon. Die Leute sind dumm, frech, aufsässig, faul und ordinär. Gucken Sie mal!

Hebt eine Sofadecke hoch, man sieht eine Zigarettenkippe in einem kleinen Rand von Dreck.

Das habe ich vorige Woche hier hindrapiert. Die Putze war einmal da, die Putze war zweimal da und heute noch mal. Morgen ist sie nicht mehr da, sie weiß es nur noch nicht. Man muß sich ja nicht alles bieten lassen. Man wird ja nur noch ausgenutzt, man wird nur noch wegen des Geldes respektiert, verstehen Sie, ich halte diese verlogene Gesellschaft hier nicht mehr aus. Man kommt zu nichts, man führt banale Gespräche, man döst so vor sich hin, drum lösen wir hier alles auf, wir haben uns jetzt in Umbrien so 'n kleines Gehöft zugelegt, in dieser typisch umbrischen Bauweise.

HEIKO: Gleich bei Monte del Trano links ab ins Gebüsch, mit eigenen Weinbergen, is 'n Traum.

ULLA: Und die Leute da sind noch von einer Ursprünglichkeit, sag ich Ihnen, die haben eine Spontaneität am Leib, so was finden Sie hier nicht mehr. Das finden Sie bei uns nirgends mehr.

HEIKO: Nicht so durchkommerzialisiert, verstehen Sie?

SCHMITZ: Ah ja.

ULLA: Drum machen wir hier tabula rasa, wir steigen aus.

HEIKO: Wir lassen alles hier zurück, bis auf Steinway und Hundertwasser-Zyklus.

ULLA: Wir hinterlassen keine Adresse, kein Telefon, die paar wirklich guten Freunde finden einen dann schon. Man braucht dort nichts außer 'nem tüchtigen Geländewagen, Toyota-Allrad hab ich schon bestellt.

HEIKO: Wieso haste denn keinen Mercedes bestellt?

ULLA: Nö, Toyota-Allrad is doch 'n klasse Geländewagen, stabiler Wagenheber, alles bei.

HEIKO: Aber ich habe nur einen Satz Bandscheiben. Hähähä. Wenn wir schon wie Robinson leben, 'n kleiner Hauch von Luxus mag da schon noch sein. Wir fahren doch nicht zur Strafe runter, Ulla.

ULLA: Aber Toyota is 'ne Weltmarke.

HEIKO: Mercedes is auch 'ne deutsche Weltmarke.

ULLA: Toyota war Allrad-Testsieger.

HEIKO: Ja, aber nur bei der Geländeschrägfahrt.

ULLA: Aber der Toyota-Service is . . .

HEIKO: Ich nehm keinen Ausländer, außerdem, die Leute in Umbrien sind zwar rührend dilettantisch, aber 'n bißchen achten die auch drauf, was man fährt.

ULLA: Ja eben, Mercedes sieht immer gleich so neureich aus, oder was finden Sie, Herr Schmitz?

SCHMITZ: Na ja, äh . . .

HEIKO: Ach was, dann bekommst du eben deinen Toyota, und ich fahre Mercedes. In dieser Wildnis sind zwei Autos sowieso kein Nachteil. Apropos, was macht denn der Kaffee, Ulla-Maus?

ULLA: Schon in Arbeit. *Geht in die Küche.*

HEIKO: Tja, die Frauen, sie wollen immer ihren Willen haben, die haben alle ihre Macken, alle. Is Ihre Frau auch so?

SCHMITZ: Ich bin nicht verheiratet.

HEIKO: Seien Sie froh, sparen Sie sich viel Geld.

Ulla kommt aus der Küche.

ULLA: Heiko, kannst du mir mal eben kurz zur Hand gehen?

HEIKO: Ja, was is denn, Ulla-Maus? Moment, lieber Schmitz.

Heiko geht auch weg. In der Küche:

ULLA: Sag mal, bist du wahnsinnig, wie kommst du dazu, diesen öden Tropf hier einzuladen?

HEIKO: Was heißt hier einladen? Der hat sich selbst eingeladen, das war ...

ULLA: Ich kenne diese Sorte Schmarotzer, die wanzen sich überall an, wo's was zu schnorren gibt. Am Ende spioniert er uns noch die Wohnung aus.

HEIKO: Nö, nö, der is so harmlos wie 'ne Stubenfliege. Ein kleiner Fisch in meiner Firma, ich habe ihm mal in 'ner schwachen Minute gesagt: Wenn Sie mal in der Gegend sind, schaun Sie doch auf 'nen Sprung vorbei. Kann ich doch nicht ahnen, daß dieser Arsch das wörtlich nimmt.

ULLA: Ja, aber nach'm Kaffee sägst du ihn ab. Ich kann diese alberne Fresse nicht länger sehen.

HEIKO: Laß mal, Ulla-Maus, der kriegt noch zehn Minuten, und dann fliegt er raus.

ULLA: Aber zehn Minuten maximal!

Heiko kommt zurück aus der Küche.

HEIKO: So, mein lieber Schmitz, Kaffee ist schon in Arbeit.

Ulla kommt mit Kaffeegeschirr.

ULLA: Wollen Sie vielleicht 'n paar Kekse dazu?

Diese unsere Welt

Petra Zitzl-Dumont (Z. D.), Moderatorin, Gerold Boschinger, Staatssekretär im Umweltministerium, Doktor Böse, ein Wirtschaftsfachmann, sowie Herr Matthias Spitzer, Soziologe und Sprecher von wechselnden Minoritäten, sitzen in einer Talk-Show-Runde zusammen.

1. TEIL

Z. D.: Einen schönen guten Abend, meine Damen und Herren. Ich begrüße Sie wieder einmal zu unserer neuesten Ausgabe von »Diese unsere Welt«. Wir hoffen, wir haben wieder ein paar interessante Themen auf Lager, und als Experten haben wir diesmal zu Gast – und darf ich Ihnen vorstellen: Hier zu meiner Rechten sitzt Herr Professor Doktor Gerold Boschinger. Guten Abend, Herr Professor!

BOSCHINGER: Ja, guten Abend! *Greift nach Chips.*

Z. D.: Herr Doktor Boschinger ist stellvertretender, äh ...

BOSCHINGER: Ja, genau.

Z. D.: *lacht* Hähä, richtig, ja im Bayerischen Umweltministerium.

BOSCHINGER: Ja, genau, das kann man so sagen, aber was ich als Umweltsprecher zu sagen hätt, das können S' eh alles nachlesen, da habe ich hier ein Umweltpapier mitgebracht. Außerdem repräsentiere ich neben der Altherrenriege der ehemaligen Faschingsprinzen den Humoristika-Verlag Jokus sowie ...

Z. D.: Ja, darauf kommen wir noch, Herr, äh, Boschinger, hochinteressant, und, äh, aber zu meiner Linken sitzt hier Doktor Arnulf Böse, der Wirtschaftsexperte in unserer Runde.

BÖSE: Jawohl.

Z. D.: Herr Doktor Böse, Sie sind Chefredakteur der Zeitschrift »Vollgas« und dem einen oder anderen unserer Fernsehzuschauer noch bestens bekannt aus unserem Ratgeber »Der sichere U-Bahn-Schacht«.

BÖSE: Guten Tag, Frau Zitzl-Dumont, ja, ich bin aber in erster Linie hier als Obmann der Tarifrundenkontrollkommission der deutschen Zubehör- und Zulieferindustrie des deutschen Automobilverbandes in meiner Eigenschaft als Sprecher der Aktion »Rettet das Automobil«.

Z. D.: Schön, Herr Dr. Böse, auch das wird noch zur Sprache kommen, äh, aber ich habe hier noch einen Gast, und zwar Herrn – *liest ab* – Matthias Spitzer. Herr Spitzer, Sie haben – *liest ab* – nach vergeblichen Anläufen, im Rundfunk unterzukommen, äh, sich einen Namen machen können als Sprecher wechselnder Minderheiten. Das kann man doch so sagen, oder?

SPITZER: Ja, guten Tag, äh, ich bin aber Sprecher von wechselnden Minoritäten, wenn ich gleich eine kleine Korrektur anbringen darf. Wir haben . . .

Z. D.: Herr Doktor Böse, um gleich spontan zum Thema zu kommen, was meinen denn Sie nun dazu?

BÖSE: Ja, Frau Zitzl-Dumont, Sie sprechen im Grunde nur das an, was uns schon lange bewegt.

BOSCHINGER: *kriegt gerade eingeschenkt* Ja, gerne.

SPITZER: Ja, aber ich wollte eigentlich noch kurz . . .

BÖSE: Ich darf doch bitte ausreden?! Also, wie gesagt, es handelt sich im Grunde doch um bekannte Phänomene, die wir nun auch einmal von der anderen Seite betrachtet wissen wollen, sonst artet das aus in Fachidiotie.

BOSCHINGER: Genau.

BÖSE: Schauen Sie . . . Gottlieb Daimler hatte das Automobil als Ganzes im Auge und nicht bloß den Vergaser.

BOSCHINGER: Genau, oder 'n Turbolader.

SPITZER: Ja, aber...

Z. D.: Könnten wir also vielleicht dahingehend Übereinkunft erzielen, daß einige technische Raffinessen erst im Laufe der Zeit erfunden werden mußten?

SPITZER: Ja, aber...

BOSCHINGER: Genau.

BÖSE: Völlig d'accord.

2. TEIL

Z. D.: Nun, Herr Doktor Böse, Sie gelten als intimer Kenner der Materie. Würden Sie uns vielleicht einmal kurz aus Ihrer Sicht erläutern, was nun konkret das Problem ausmacht?

BÖSE: Schauen Sie, es ist doch so, daß dem Auto heute zunehmend Straßen vorenthalten werden, die bei etwas gutem Willen gebaut werden könnten. Mit andern Worten, der Lebensraum des Automobils wird regelrecht eingeschnürt.

BOSCHINGER: Aus der Sicht vom Umweltschutz heraus, wenn mir koane Straßen ham, ham mir auch koane Böschungen zum Begrünen. Schaut doch wunderbar aus, so a grüne Böschung. Und das natürliche Biotop der Autobahnkrähe is halt amal die Autobahn.

BÖSE: Sehr richtig.

Z. D.: Ein interessanter Aspekt in der derzeit so hochgespielten Umweltdiskussion. Aber was meint man dazu in Umweltschützerkreisen? Herr Spitzer, bitte!

SPITZER: Ja, das sehen Sie doch schon an dem Zynismus, mit dem ein Großprojekt wie Wackersdorf...

Z. D.: Herr Spitzer, der Wert oder Unwert von Großprojekten zeigt sich ja doch meist erst nach Jahrhunderten. Auch Schloß Neuschwanstein beispielsweise galt während seiner Bauzeit als äußerst umstritten. Würden die Neunmalklugen von damals heute noch leben, würden sie wohl auch anders denken, meine Damen und Herren.

BOSCHINGER: Genau. Des können S' alles in unserem Umweltpapier nachlesen.

BÖSE: Wir haben in unserer Zeitschrift »Vollgas« ...

SPITZER: Ja, aber, was hat Neuschwanstein mit Wackersdorf ...

BÖSE: Ja, wenn Sie uns das bitte mal erklären wollten!

SPITZER: Sag ich doch!

Z. D.: Ja, dann sind wir ja wieder mal einer Meinung, meine Herren.

3. TEIL

Z. D.: Nun zu Ihnen, Herr Professor Boschinger, Sie sind ja nun Naturfachmann von Berufs wegen, äh ... kann man so sagen?

BOSCHINGER: *kriegt gerade eingeschenkt* Ja, danke.

Z. D.: Aus dem Kreislauf der modernen Natur ist der sogenannte Baum als Ökofaktor im Grunde doch kaum mehr wegzudiskutieren.

BOSCHINGER: Da ham Sie recht, vollkommen recht, schaun Sie, 's is ja im Grunde gnommen recht einfach, können S' ois in unserm Umweltpapier nachlesen. Schaun Sie hier, ich zeig Ihnen amal des Grundprinzip von so am Zellverband. *Er steht auf, geht zu einer braunen, toten Fichte in einem Pflanzkübel.* Hier haben wir Stamm und unten das Wurzelwerk ...

SPITZER: Ja, aber der Baum ist ja vollkommen ...

BOSCHINGER: *redet weiter, als ob Spitzer nichts gesagt hätte* ... das Wurzelwerk is hier im Erdreich verborgen, es gibt verschiedene Wurzln, a Pfahlwurzl, a Herzwuchswurzl, a Flachwurzl, das, was sich hier so wegspreizt, das nennt man Äste oder das Geäst, und am Geäst befinden sich wieder je nach Phänotyp Blätter oder Nadeln. Die Spitze wird im allgemeinen als Krone bezeichnet, und das Ganze nennt man dann Baum. In diesem Fall haben wir Nadeln, es handelt sich also um einen Nadelbaum. *Er streift dabei sämtliche Nadeln von dem Bäumchen ab.*

Z. D.: Also, Wurzeln, Stamm, Geäst und Blätter oder Nadeln, je nachdem, ergeben als Gesamtheit das Ökosystem Baum, meine Damen und Herren.

BOSCHINGER: Ja, des können S' ois nachlesen in unserm Umweltpapier.

BÖSE: Is ja interessant.

4. TEIL

Z. D.: Herr Doktor Böse, in der freien Marktwirtschaft gibt es ein Sprichwort: »Die Freiheit des Machbaren ist unantastbar.« Was spricht der Wirtschaftsfachmann?

BÖSE: Tja, kann ich nur voll unterstützen. Schaun Sie, wir von der Artenschutzkommission für bedrohte Automobile müssen heute bereits die bange Frage stellen: Wo bleibt der Doppelvergaser? Wo finden Sie heute noch 'nen akzeptablen Parkplatz in der Innenstadt? Sehn Sie, der Lebensraum des Automobils steht auf dem Spiel.

BOSCHINGER: Genau, des können S' ois in unserm Umweltpapier nachlesen.

BÖSE: Wir von der Zeitschrift »Vollgas« fordern daher: Schluß damit! – Danke! *Ihm wird gerade eingeschenkt.*

Z. D.: Ja, ja, da wird es manch böses Erwachen geben, wenn nicht schleunigst einiges geschieht. Unsere Mobilität ist schließlich der adäquate Ausdruck unseres abendländischen Lebensgefühls.

SPITZER: So ein Quatsch. Die Autolobby läßt sich doch sowieso nicht die Butter vom Brot . . .

BÖSE: Jetzt werden Sie nicht polemisch, junger Mann!

Z. D.: Ich sehe auch nicht ganz den Zusammenhang, Herr Spitzer.

SPITZER: Wie brutal Staat und Industrie vorgehen, sieht man doch an Wackersdorf, da . . .

BOSCHINGER: Jetzt begeben S' sich auf eine Ebene, wo mir net weiterreden können. Mit Unsachlichkeit is da nichts getan. Informieren S' sich doch erst amal. Des können S' doch ois nachlesen in unserm Umweltpapier. – Danke. *Ihm wird gerade eingeschenkt.*

SPITZER: Ja, aber . . .

BOSCHINGER: Ja, lassen S' mich doch amal ausreden, ja – danke.

Z. D.: Ich würde also auch sagen, immer der Reihe nach, Herr Spitzer.

Herr Spitzer schweigt wieder.

5. TEIL

Z. D.: Meine Damen und Herren, es ist nun vielleicht der geeignete Augenblick, um auf eine interessante Neuerscheinung hinzuweisen. Professor Boschinger, der heute abend hier bei uns weilt, ist der Autor. Herr Professor, Ihr neuestes Werk, »Ich war Prinz«, ist das nun mehr eine Art Schlüsselroman oder mehr autobiographisch zu verstehen?

BOSCHINGER: Ja, ich tät sagen, beides, weil ich war Prinz, und dieses Büchlein ist aber außerdem auch als Zeitdokument gedacht.

Z. D.: *blättert in dem Buch* Ah ja, da haben wir hier zum Beispiel . . . Kann die Kamera mal, äh, hier sieht man, wie man sich eine Prinzenmütze oder eine Narrenkappe selbst bastelt.

BOSCHINGER: Ja, oder zum Beispiel für Gschäftsleute a praktischer Hinweis: Wie werde ich Mitglied im Elferrat.

SPITZER: Ja, aber, wenn man bedenkt, daß in Wackersdorf eine Wiederaufbereitungs...

BOSCHINGER: Jetzt hörn S' doch amal auf, Sie haben doch keine Ahnung, oder waren Sie schon mal Prinz?

SPITZER: Nein, aber...

BOSCHINGER: Also, dann wern S' doch erst amal Prinz.

BÖSE: Ich muß also auch sagen, ständig wird ma hier unterbrochen.

BOSCHINGER: *zu Böse* Waren Sie schon mal Prinz?

BÖSE: Nein, nein, aber ich bin Mitglied im Elferrat.

6. TEIL

Z. D.: Herr Doktor Böse, Professor Boschinger, Frage an die beiden Experten: Wie soll's denn nun weitergehen?

BOSCHINGER: Ja, es gibt meines Erachtens keine Alternative zur Umwelt, aber Umwelt is ja in erster Linie amal Umfeld, des ham wir in unserer Broschüre eindrucksvoll dargestellt, des können S' jederzeit nachlesen in unserm Umweltpapier. *Ihm wird nachgeschenkt.* Ja, danke.

Z. D.: Herr Doktor Böse...

BÖSE: Also ich bin der Meinung, daß man unsere Umwelt auch mal unter wirtschaftlichen Aspekten, verstehen Sie. Es rechnet sich nicht, wenn Sie jedem Laubfrosch hinterherquaken, das rechnet sich einfach nicht.

Z. D.: Sie plädieren also mehr für das Sowohl-als-auch.

BÖSE: Ja, eine faire Synthese zwischen Ökonomie und, äh...

BOSCHINGER: Genau.

SPITZER: Das darf doch nicht wahr sein, hier von Synthese zu sprechen. Wenn man sieht, wie in Wackersdorf...

Z. D.: Wir kommen noch drauf, Herr Spitzer, da kommen wir noch hin, äh, aber ich möchte doch an dieser

Stelle, äh, gestatten Sie mir als Frau, einmal mein Glas zu erheben, wir haben ein kleines Jubiläum, wir haben heute die siebzigste Sendung von »Diese unsere Welt«, und obendrein ist Professor Boschinger vorgestern achtundvierzig geworden.

BOSCHINGER: Haha, ja, danke.

Z. D.: Wann haben Sie Geburtstag, Herr Doktor Böse?

BÖSE: Neunundzwanzigster Oktober.

Z. D.: Dann sind Sie 'n waschechter Skorpion.

BÖSE: Aszendent Fisch, aber im chinesischen Horoskop bin ich Ratte.

Alle außer Spitzer lachen, Spitzer schaut auf die Uhr.

7. TEIL

Z. D.: Bevor unsere Sendezeit ihrem Ende zugeht, meine Damen und Herren, dachten wir, daß jeder Experte noch mal abschließend zu den Fragen unserer Zeit Stellung nehmen kann. Professor Boschinger, wollen Sie den Anfang machen?

BOSCHINGER: Ja, ich will eigentlich nur noch amal darauf hinweisen, wir haben hier extra für diesen Zweck unser Umweltpapier konzipiert, da können S' alles Wesentliche nachlesen, und im übrigen kann ich jedem jungen Mann nur auf den Lebensweg mitgeben: »Werden S' amal Prinz!« Des ist ein unvergeßliches Erlebnis. Ja, danke. *Ihm wird eingeschenkt.*

Z. D.: Vielen Dank, Herr Professor Boschinger.

SPITZER: Also, ich möchte jetzt . . .

Z. D.: Herr Doktor Böse, Sie sind an der Reihe.

BÖSE: Tja, Frau Zitzl-Dumont, mir bleibt an dieser Stelle nur, einem Berufeneren das Wort zu erteilen. Lassen Sie mich Karl Jaspers zitieren: »Alles, wovon wir sprechen, trifft zusammen im Menschen. Natur, Geschichte, das Umgreifende, das Wesen des Menschen ist unvergleichlich.«

Z. D.: Besser kann man das wohl kaum ausdrücken, Herr Doktor...

SPITZER: Also ich möcht jetzt doch auch noch amal die Gelegenheit wahrnehmen und an dieser Stelle betonen, daß ein Projekt wie Wackersdorf...

Z. D.: *nimmt den Hörer ab* Ja... *Zu Spitzer gewandt* Moment... *Wieder ins Telefon* Ja, ah so, ja... ja...

8. TEIL

Z. D.: Meine Damen und Herren, Sie kennen das geflügelte Wort, immer wenn's am schönsten ist... Auch bei uns ist es wieder mal soweit. Meine Herren, ich danke Ihnen, daß Sie bei uns im Studio zu Gast waren. Wir haben wieder ein paar heiße Eisen anpacken können, natürlich, bei der Kürze der Zeit konnten wir nicht alle Themen erschöpfend behandeln, mir bleibt nur noch, Ihnen einen guten Abend zu wünschen.

Die Wegbeschreibung

Das Telefon klingelt. Udo Kaiser hebt ab.

Kaiser?! Ja, die Hilde. – Habts unsre Karte gekriegt mit der neuen Nummer? Des is aber nett, daß d' anrufst. Was? – Ja, hähähä. Hilde, naa, mir wohna scho lang nimmer in der City. Nanaa, mir wohnen jetz da heraußt im Grünen. Ja . . . also naa, also, Bauern sind mir keine gewordn. Was? Was is? Ja komm doch amal raus. Kommts halt amal raus, Hilde. 's is wunderbar hier. Wies d' rauskommst? – Des is ganz einfach, Hilde, paß auf. Du mußt die Nordspange, die Zubringerstraße – Autobahn, ja da mußt runterfahrn. Ja, des is jetz noch a bisserl kompliziert, weil da wird noch gebaut, weil in a paar Jahr ham mir die Autobahn dann praktisch direkt vor der Haustür – aber jetz mußt halt dann die Nordspange bei dem, äh, mußt runter fahrn bei der Mülldeponie. Aber erst die zweite Ausfahrt, praktisch wo die Sondermülldeponie is. Da kommt dann aso a Schnellstraße. Dann an dieser Sondermülldeponie vorbei. Die konn ma gar net verf. . . Des is . . . Kläranlagen sind da und diese . . . ja, ja. Dann hältst dich links an der Autofabrik vorbei, die machen hauptsächlich so Lkws. – Diese lange, riesige Mauer und dieser hohe Drahtzaun mit dem Stacheldraht und dahinter die ganzen Laster. Gell, also diese Schnellstraße fahrst du immer hart entlang, bis du zur Möbelfabrik kommst. – Heißen die? – Ja, des siehst schon, des is nicht zum Übersehn, ein Riesengebäude . . . Mit so Fahnen heraußt, ja, genau. Gradaus an dem Discount vorbei, da kommt noch a Discount, die ham so Zubehörhandel. Also, da is wieder so a Möbelhaus, net – Möbelhaus Lila. So violett, so a großer lila Bau. Scharf links, und da siehgst dann auch schon die ersten Hochhäuser. Da ist dann die, Zaunkönigstraße heißt die, gell, Hilde. Da mußt also abbiegen, noch mal links. Also, links rein, gell. – Auf der andern Seite is ja aso a Schretteranlage, da kann ma gar net reinfahrn. Des siehst. Und dann siehst du schon a zweite Garnitur

Hochhäuser. 's sind also schon ganz schöne Waschel, also, gell, große, äh, Dings. De siehst schon, die sind am Ende. Des is so a Industriestraße. Dann . . . Jetz muaßt aufpaßn. Direkt neben de Hochhäuser ist ein Umspannungswerk. Des sieht ma wieder an dene Hochspannungsmastn, die dann weggehn – die gehn nach alle Seitn weg. Muaßt schaun, da sind auch so a paar Bäume drumrum, und da sind riesige Strommastn, gell. Und unter dene Strommastn am Umspannwerk vorbei fahrst in Richtung zu diesem Müllverbrennungskraftwerk, ja. Diese Müllverbrennungsanlage, ja, so a großer blauer Berg mit'm Mordsschornstein oben drauf, net. Des is des Wärmekraftwerk, des is dahinter, aber da fahrst davor schon wieder rechts weg. Vorm Wärmekraftwerk, wie gsagt, wieder rechts und da siehst du dann, des is so a kanariengelber Bau – des is wieder a Möbelhaus. Untn is so a Schild von ara »Trauerhilfe«. Halbrechts nei. Auf der andern Seite is aso a Squash-Center, ja. Dann kommt eine dritte Garnitur Hochhäuser, und dann bist nimmer weit. Dann die Wiedehopfstraße. Genau, net. Hinter diesen Hochhäusern da sind dann ungefähr so circa vierzig Bungalows. Da is noch mal so a großes Einkaufscenter und dann kommen diese Bungalows. Ja, vierzig, a paar sind noch im Bau, ja. Is a ganz schöne Baustelle. Und mir sind da mittendrin, da muaßt reinfahrn, weil des geht da so im Kreis durch die ganze Siedlung durch, ja, so a Kreisverkehr. Also in der Mitte. Des is Nummer 27, gell. Des kannst ganz leicht finden. Mir ham an Messingknopf an der Tür, gell, ja . . .

Ein Umweltschützer

Der Hausbesitzer Nepomuk Schwamm kommt mit einem Fuchsschwanz in der Hand auf den sauber ausbetonierten Hof seiner Mietskaserne. Auf dem durch Maschendraht getrennten Nachbargrundstück blühen Pflanzen und Bäume und Gräser.

HERR SCHWAMM: San denn de Leit narrisch, des ghört doch bestraft, so eine Sauerei. Eine gigantische Form von Umweltverschmutzung. Na ja ...

Die Mieterin Centa Gruber kommt mit einer Gießkanne in den Hof getrippelt.

FRÄULEIN GRUBER: Grüß Gott, Herr Schwamm.

HERR SCHWAMM: Ja, grüß Sie Gott ...

Fräulein Gruber geht auf eine Topfpflanze zu.

Schaugn S' Eahna des amal an, Fräulein Gruber. De spinna doch, oder?

FRÄULEIN GRUBER: Ja, da habn S' recht, Herr Schwamm.

HERR SCHWAMM: Jetzt hamma den Salat.

FRÄULEIN GRUBER: Ja mei.

HERR SCHWAMM: Da, ein Ahorn! Des werd ein echter Ahorn, ein Monstrum von einem Ahorn, des ko koa Mensch nimma aufhalten.

FRÄULEIN GRUBER: Ja, schön hergwachsen is er letzts Jahr.

HERR SCHWAMM: So kann ma's auch nennen. Schaugn S' hin, wie's da herumsprießt! Des Unkraut.

FRÄULEIN GRUBER: Ja, is scho a Plag. *Rupft die Gräslein aus.*

HERR SCHWAMM: So a Baum is doch a Umweltverschmutzer ersten Ranges. Im Frühjahr, der Blütenstaub, was mir im letzten Jahr für Pollen ghabt ham, des geht auf koa Kuhhaut. Da, schaugn S', wia sich des einnistet. Des wuchert förmlich. Un nachert, der Ozon. Wer soll's denn verkraften? Im Fernsehn hams es bracht: a gewisse Dosis Ozon, und Sie san hinüber!

FRÄULEIN GRUBER: Ja mei, is schon a schöner Anblick, so a Baum.

HERR SCHWAMM: Wer's mog. Aba im Sommer, diese Insekten. Scharen von Insekten, Ungeziefer, auf oamal hamma de Motten herin, lauter Schädlinge! Im Herbst, na laubt er, zentnerweise Laub, des fault nachert und zersetzt alles – und was des kost! Schaugn S' her da, des is scho wieder a Grasnarbe, mir samma doch koa Naturschutzgebiet.

FRÄULEIN GRUBER: Ja, da habn S' recht, also, Wiederschaugn, Herr Schwamm.

Fräulein Gruber geht zu ihrem Blumentopf und gießt. Schwamm monologisiert weiter.

HERR SCHWAMM: Ja, Wiederschaugn. Da redns allweil von Umweltschmutz, aba getan werd nix! Zefix, muaß i scho wieda ausbessern. *Bückt sich nach einer schadhaften Stelle im Beton.* Hab i's doch letzts Jahr erst chemikalisch ausgmerzt. *Sieht Fräulein Gruber beim Gießen.* Ja, Sie! Was macha Sie denn da?! Ja san Sie narrisch worn? San Sie deppert?!

FRÄULEIN GRUBER: Aba, Herr Schwamm, des sand doch meine Tomaten.

HERR SCHWAMM: Soweit kimmt's. In meinem eigenen Hof!

FRÄULEIN GRUBER: Aba, des san doch nur de ganz winzigen Zwergtomaten.

HERR SCHWAMM: San Sie wahnsinnig? In fünf Jahr is des a Baum! Für was, glaubm Sie, ham mir des ausbetoniert? So ein Leichtsinn.

FRÄULEIN GRUBER: Aber, Herr Schwamm, ich paß doch auf, da passiert nix, da kann doch gar nix passieren!

HERR SCHWAMM: Schaugn S', daß S' weiterkemman, des is doch ein Unfug. Im Hof hat so ein Umweltschädling nix zum Suchen.

FRÄULEIN GRUBER: *nimmt ihre Gießkanne* Herr Schwamm, jetzt habn Sie doch ein Herz, schaugn S' her, so klein ... *Deutet.*

HERR SCHWAMM: Ja, hearn Sie schlecht? Naus! Naus, aussi mit dem Zeug! Des is ein grober Unfug.

Fräulein Gruber nimmt mümmelnd ihre Pflanze und geht beleidigt aus dem Hof.

Koa Gspür für eine Gefahr. *Ruft Fräulein Gruber nach* Dahoam kennan S' es im Wohnzimmer pflanzen, des is Ihr Privatrisiko, aber gega so was bin i net versichert!

Fräulein Gruber ist verschwunden.

O mei, de Leit, mit eahnara Fahrlässigkeit erzeugen direkt die Naturkatastrophe. Dieser Umweltschmutz, da wernma einschreiten müaßn.

Schwamm geht auf den Baum an seiner Hofgrenze zu, setzt die Säge an einen überhängenden Ast an.

Ja, es duat ma leid, jetzt sagld i's weg. Da is die Grenze. *Er sägt den Ast ab.* De ghörn doch ozoagt, Saubande, Naturapostel, depperte – grüne Gefahr. Aba, mir paßn auf!

Ein Protestanruf

Herr Waechter geht ans Telefon.

Jetz muß amal was gschehn. Des is jetz scho der dritte Baum in meim Gartn, der verreckt. *Er zeigt Fotos.* Schaugn S', des war de Stechfichtn, de is vorigs Jahr, innerhalb von drei Monaten is de zammbröselt wie ein Zwieback.

Dann is unser Rotbuche, is so braun worn, und jetz die Blautanne. Die is jetz praktisch mehr gelb – kanariengelb! Des is doch koa Farb für a Blautanne. Also, jetz ruf ich an, des laß ich mir nimmer gfalln. Jetz muß was passiern.

Er wählt die Nummer.

Jaa, Bayerische Staatsregierung? Sie, ich brauch jemand vom Umweltministerium, ja, aber dringend. Des is praktisch ein Notfall! Ja, is gut, ich warte.

Waechter wartet circa eine Minute, dann hängt er ein.

Herbstgespräche

Heinz Gschwerl, Makler, Bauunternehmer und Finanzier, sitzt, in seinem 911 Turbo geparkt, an einem landschaftlich reizvollen Platz, herrliche Aussicht, umgeben von Natur. Er kippt den Rest eines Magenbitters, wirft die leere Flasche ins Gebüsch. Aus dem Wageninneren eine Discowolke, dazu Vogelgezwitscher. Ein Goldmetallic-Sportcoupe rauscht an. Gschwerl benutzt ein Mundspray, macht die Musik aus, strafft sich und öffnet galant die Tür. Constanze Schäles und ein warm angezogener Rehpinscher steigen aus.

FRAU SCHÄLES: Tach, Herr Jeschwerl, hoffentlich ham Se nit allzulang jewartet. Aber Se wissen ja selbst, wie dat is mit de Verkehr, man kommt nit dursch. Kreti und Pleti hat heutzutach 'n Auto.

HERR GSCHWERL: Des macht nix, Frau Schäles, i wart scho a bißl, aber da heraußt kann ma's doch sehr gut aushalten. Es is scho a einmaligs Platzerl.

FRAU SCHÄLES: Da ham Sie rescht. Dat findet man heutzutage kaum mehr. Überall nur Industrie und diese Abjase. Entsetzlisch.

HERR GSCHWERL: Ja, Abgase ham S' hier keine, nur den blanken Ozon. Rechen S' amal.

Gschwerl und Schäles atmen tief durch.

FRAU SCHÄLES: Ah, das tut jut für de Lungen.

HERR GSCHWERL: Und schaun S' amal, dieses Panorama ...

FRAU SCHÄLES: Tja, man möschte rischtisch besinnlisch werden.

HERR GSCHWERL: Und alles unverbaubar. Schauen Se sich amal diese Buchn an. Des dauert dreihundert Jahr mindestens, bis so a Baum amal aso herwachst.

FRAU SCHÄLES: Tschja, wat is der Mensch im Anjesischt der Natur ...

HERR GSCHWERL: Da ham jetz Sie wieder recht, und Sie müssen bedenken, des is ois Naturschutzgebiet. Landschaftlich eine Rosine. Also, es war nicht einfach.

FRAU SCHÄLES: Ham Se jut jemacht, Herr Jeschwerl.

HERR GSCHWERL: Wenn der Bürgermeister net so flexibel gwesen waar, na wär da gar nix gangen.

FRAU SCHÄLES: Hatten Se große Unkosten?

HERR GSCHWERL: Nanaa, er hat selber a Bauunternehmen, er is da einsichtig. Und de Verschalungen und des Fundament, des macht ja praktisch er dann.

FRAU SCHÄLES: Dat is jut. Aber sachen Se mal, de Terrasse, die soll doch hier hin. Da sitz isch ja dann den janzen Nachmittag im Schatten.

HERR GSCHWERL: Nanaa, gnä' Frau, da brauchen Sie nichts zu befürchten, de ganze Baumgruppen da, des kimmt ois weg.

FRAU SCHÄLES: Und an de Doppeljarasche ham Se schon jedacht?

HERR GSCHWERL: Selbstverständlich. Da werd da der Froschweiher zugschütt und trockenglegt, na kimmt a anständigs Sechziger-Fundament nei, da könnan S' nachert an Panzer drauf parken. Und wo wollten Sie jetz nachert den Swimmingpool ham?

FRAU SCHÄLES: Ja, isch dachte, mehr da unten, wo et jeschützt is. Die Stahldachkonstruktion, dat jeht in Ordnung?

HERR GSCHWERL: Selbstverständlich. Wenn's fertig is, moana S', Sie san am Mittelmeer.

FRAU SCHÄLES: Nää, da hab isch bereits zwei Häuser, isch hätte mehr jedacht, friesisch mit 'n Schuß rustikal.

HERR GSCHWERL: Geht genauso. Machma Eahna auch. De Landschaft paßt eh bsonders guat zu dem Friesischen.

FRAU SCHÄLES: Sachen Se, Herr Jeschwerl, wo kommt der Tennisplatz hin?

HERR GSCHWERL: Da ham mir a sehr elegante Lösung: A bißl sprengen müaßma, und da, de Fichtn, de hauma naus, und umfrieden deanma des Ganze mit einer Mauer.

FRAU SCHÄLES: Dat klingt vernünftisch. Auch jejen de Spazierjänger.

HERR GSCHWERL: Eben. Sie san ja eh bloß amal am Wochenende da, aber zwoa Meter fuchzig sollten's scho machen, da müaßadn S' a bißl Strafe zahln, aber es lohnt sich auf alle Fälle.

FRAU SCHÄLES: Dat is auch 'n juter Schutz jejen Einbrescher und Vojöre, nä.

HERR GSCHWERL: Und Sie sehn dann auch nix von der neuen Siedlung, de wo da der Dr. Rohr hinstellt.

FRAU SCHÄLES: 'ne Siedlung? Da hält dann wohl der Pöbel Einzuch, oder wie seh isch dat?

HERR GSCHWERL: Naa, da brauchen S' koa Angst ham, nur besser gstelltes Publikum, und Sie ham dann auch durch die Siedlung an optimalen Lärmschutz gega de neue Autobahn, de wo da hintn neikommt. Und danebn ham S' aa no a Einkaufscenter mit am Teppichlager. Des kommt da hin. *Deutet.*

FRAU SCHÄLES: Wo?

HERR GSCHWERL: Da, sehn S' des Wäldchen? Des is am Herrn Dandler sein Revier. Was er sonst noch hinstellt, weiß ma no net, jedenfalls, des kommt aa ois weg.

FRAU SCHÄLES: Na ja, herrlisch is dat jedenfalls hier draußen, rischtisch ursprünglisch. *Man hört eine Krähe.*

Hörn Se mal, Herr Jeschwerl, wat is dat, 'n Bussard oder 'ne Kleber?

HERR GSCHWERL: Ja, a Vogel is's.

FRAU SCHÄLES: Gucken Se mal, dat einer von den Bäumen übrischbleibt, dann machen wer 'ne Futterkasten hin.

HERR GSCHWERL: Gell, Sie san a Naturmensch.

FRAU SCHÄLES: Tschja, Tiere un' Flanzen sin der einzije Freund des Menschen.

HERR GSCHWERL: Da ham jetz Sie wieder recht. I hab jetz meiner Tochter zum Geburtstag an Hamster gschenkt. Des schönste Gschenk, was ma einem Kind antun kann, is, wenn's mit Viechern aufwachst.

FRAU SCHÄLES: Himmel, sehn Se mal, Herr Jeschwerl, dat is doch 'ne Seidelbast. Den hat jemand einfach ausjerupft. Is dat nit ein Verbreschen? 'ne eschte Seidelbast. Der is doch jeschützt!

HERR GSCHWERL: Ja. Rohlinge gibt's. Der größte Schädling is scho der Mensch. *Ein VW-Bus kommt angefahren.* Ah, Frau Schäles, den Vorhof, den deanma na asphaltiern. Oder platteln?

FRAU SCHÄLES: Jeplattet, und vergessen Se nit 'ne Aussparung für mein Asperagos und dat Tulpenbeet...

Zwei Männer mit Motorsägen steigen aus dem VW-Bus.

MANN: Servas, Heinz, wo sollma 'n ofanga?

HERR GSCHWERL: Da, bei dene Buachn. Aber systematisch, gell. Ja, also Frau Schäles, as Wesentliche ham S' ja gsehn, i dad sagn, fahrma zu mir ins Büro, da könnma uns in Ruhe weiter unterhalten.

Die Motorsägen heulen auf.

FRAU SCHÄLES: Igitt, dat is ja ein abscheulisches Jeräusch. Meine Nerven. *Beruhigt das Hündchen.* Roswitha und isch, wir halten dat nit aus.

HERR GSCHWERL: Ja mei, leider, des muaß sei. Aber Sie wern sehn, as nächste Mal, wenn S' kemman, wern S' es nicht mehr wiedererkennen. Sie ham sich da scho a feins Platzerl ausgsucht.

FRAU SCHÄLES: Ja, isch jlaub auch, dat wird en herrlisches Fleckchen Erde. Jut, dat et noch 'n Naturschutz jibt.

Die beiden besteigen ihre Fahrzeuge, die Motorsägen röhren ein Duett.

Das Beton-Lied

Beton, Beton, Beton -
Beton, Beton, Beton, Beton.
Waschbeton,
Mischbeton,
Fein-Stahl-Fertig-Beton.

Mir baun uns a haltbare Welt,
die in fuchzgtausend Jahr aa no hält.

Beton, Beton, Beton -
Beton, haltbarer Billig-Beton.

De Kirch, as Rathaus, Ton in Ton,
ois aus gediegenem Farbig-Beton.

Farbig-Beton, Billig-Beton,
haltbarer Fertig-Beton.

Vier eigene Wänd aus Fertig-Beton,
mit an Loch drin, des duat's nachert schon.

Beton, Beton, Beton -
Beton, a kloans Paradies aus Beton.

In der Nachbarschaft hams es fei alle schon
eahna gmüatlichs kloans Häuserl aus Stahl-Beton.

Beton, Beton, Beton -
Beton, Bett, Zaun, Zukunft: Beton.

Kaum graut der Morgen, na siehgst 'n schon,
phantasievoll und praktisch glänzt er in der Sonn,

da Misch-Beton, da Stahl-Beton,
da Fein-Wasch-Klar-Sicht-Beton.

Wartungsfrei, sauber, keimfrei und schön,
ma ko si glei gar net gnua an eahm sehng,

am Misch-Beton, am Stahl-Beton,
am Fein-Wasch-Klar-Sicht-Beton.
Beton, Beton, Beton -
Beton, Paradies aus Fertig-Beton.

Im Amt

Ein Büroraum mit zwei Schreibtischen, darauf je ein Telefon, über der Eingangstür eine große Bürouhr, die 14.45 Uhr anzeigt. Herr Smrch, der Hausbote, telefoniert an einem der beiden Apparate.

SMRCH: *wählt sehr lange Nummer, wartet, dann* Please can I have apartment seven-two-three? Yes, seven-two-three, thank you. – Hallo, Steffi, bist du's? – Ja. – Ich rufe vom Büro an, laß dir ruhig Zeit. – Ja. – Wie is 'n das Wetter bei euch in New York? – Bei uns hat's die ganze Nacht geregnet, aber jetzt soll's besser werden, laut Wetterbericht. – Wie spät ist es bei euch grade? – Dann gehst du jetzt frühstücken? – Wir haben schon Mittag gegessen hier – ausgezeichnet, fast wie ein Ortsgespräch . . . *Annerose Waguscheit betritt den Büroraum.* Jawohl, Herr Grunow, ich komme sofort. Selbstverständlich. Gut, Wiederhören. *Hängt ein.*

WAGUSCHEIT: Mahlzeit.

SMRCH: Mahlzeit.

WAGUSCHEIT: Ah, Herr Smrch – warten S' an Augenblick, ich hab was für Sie. *Kritzelt in einen Aktenordner etwas hinein.* De Akte Reitmoser-Schwöpf, ich weiß auch net, irgenwie is sie mir liegenblieben. Da. *Gibt Smrch den Ordner.* Wenn's geht, noch vorm Kaffee.

SMRCH: Wohin?

WAGUSCHEIT: Des is egal, halt irgendwo nauf in'n dritten Stock.

DEUTELMOSER: *betritt kauend das Büro* Mahlzeit.

WAGUSCHEIT: Mahlzeit.

SMRCH: Mahlzeit. *Will gehen.*

DEUTELMOSER: Herr Smrch, ich hätt da zwei Einschreiben, de müaßatn heut no naus auf d' Post.

SMRCH: *nimmt die beiden Einschreibebriefe und geht.*

DEUTELMOSER: ... oder spätestens morgen. *Ordnet seinen Schreibtisch.* Und a bißl mehr Schlagrahm! – Ah, is er scho weg.

WAGUSCHEIT: *rennt zur Tür und ruft dem Boten nach* Herr Smrch, a bißl mehr Schlagrahm wie gestern!

DEUTELMOSER: *ordnet seine Mappe* Ah, Fräun Waguscheit, die Akte Reitmoser-Schwöpf, is die schon wieder zurück?

WAGUSCHEIT: Aber Herr Deutelmoser, die hab ich doch scho vorige Woch losgschickt. Ich hab sogar noch an Vermerk »Dringend« draufgschriebn.

DEUTELMOSER: War er scho beim Brchemisl? *Nimmt Bildzeitung aus der Mappe, liest.*

WAGUSCHEIT: Müaßad i amal nachfragn. Moment. *Nimmt Telefonhörer, wählt* – Ja, Grüß Gott. Fräun Baaz, Waguscheit, könnt ich bittschön an Herrn Brchemisl haben?

Ein jüngeres Subjekt betritt den Raum, ohne anzuklopfen.

DEUTELMOSER: *blickt hoch* So hamma's gern. *Liest weiter.*

WAGUSCHEIT: Wie lang is er noch in Kur? – Ich fahr jetzt dann auch a paar Tag weg. Ich bin ja so erledigt. – So, Sie san grad kemma, wo warn S' denn? – Ja, sehr schön, des glaub ich. *Kichert.* – Aber, Fräun Baaz, wegen de Akte Reitmoser-Schwöpf, es wär halt schön gwesen, wenn mir's noch nausbracht hätten, bevor der Herr Deutelmoser in Urlaub geht, weil danach kemman dann doch auch noch die Feiertag daher.

SUBJEKT: Ähm – Verzeihung, bin ich hier richtig? Ah, ich wollte wegen ...

DEUTELMOSER: I hab koa Zeit. Um was handelt es sich?

SUBJEKT: Ich wollte, ah, ich müßte meine Aufenthaltsgenehmigung, ähm, die Verlängerung ...

DEUTELMOSER: Warn S' schon in Zimmer 237 A?

SUBJEKT: Wieso?

DEUTELMOSER: Ja, dann gehnga S' zerscht mal ins Zimmer 237 A, holen S' Eahna die Anträge ab, mit de Anträge gehnga S' ins Zimmer 14 und lassen S' sich bestätigen, nachert gehnga S' abi zur Kasse, und nachert schauma weiter.

SUBJEKT: Zimmer 14? *Wartet. Deutelmoser liest wieder.*

WAGUSCHEIT: Ja, ich probier's dann beim Dr. Berzelmeier. – Ah, Fräun Baaz, mal was anders, war der übrigens vorgestern beim Betriebsabend dabei? Ham Sie da was ghört?

DEUTELMOSER: 237 A, 14 Bestätigung, Kasse und dann »huit« ... *Deutet »hierher« an, liest wieder.*

SUBJEKT: Ah ... *Steht noch eine Weile da und geht dann ab.*

WAGUSCHEIT: So, na soll er dagwesen sein? Weil die Fräun Weithas, die sitzt auf 409 im Vorzimmer von der Frau Löffler, die hat behauptet, daß er net kemma wär. – Der Dr. Berzelmeier. – So, na war er an der Bar? – Also, ich probier's dann amal. – Ja, danke, Ihnen auch – und a schöns Wochenende. Also, Wiederschaugn. *Es klopft.*

DEUTELMOSER: Ja?

HÄGÄDÜSCH: *betritt vornehm-schüchtern, nicht ganz devot, das Büro.*

Guten Tag, mein Namä is Hägädüsch, Balasch Hägädüsch, heißt auf deitsch Geiger Blasius. Ja, schön, ich brauchä Nachweis wägen Deitschstämmigkeit, die in meinem Fall unbästritten vorliegt, wissän Sie, meinä Urgroßtantä stammt aus Böblingen, ist angesiedelt worden in Weißkirchen, Banat, und zu Hausä wir haben nur deitsche Lieder gäsungen, am Brunnän vor däm Torä und so weitär ...

DEUTELMOSER: San Sie jetz ein Flüchtling oder a volksdeutscher Einwanderer, also a Umsiedler, oder san S' a Dissident?

WAGUSCHEIT: Ah, Herr Deutelmoser, es hat gheißen, de Akte Reitmoser-Schwöpf sei beim Dr. Berzelmeier, da rührt sich aber niemand.

DEUTELMOSER: Vielleicht is er krank. Oder er is früher gangen, oder er is noch zu Tisch. Probiern S' es halt amal wieder.

HÄGÄDÜSCH: Wissen Sie, ich kann bälägän, daß ich hobä auch gearbeitet als Koch bei Wehrmacht fir deitsche Offiziere. Tantes Namä Elfriede Läpple gäwäsän. Gestorben 1903 in Prag.

DEUTELMOSER: Ah, Fräun Waguscheit, was macht 'n der Kaffee? *Kramt in seiner Mappe.*

WAGUSCHEIT: Na ja, an Moment dauert's noch.

HÄGÄDÜSCH: Bittä schön, Grobstein in Prag hatte deitsche Inschrift mit gotischän Buchstabän.

DEUTELMOSER: Herrgottsakrament, wo is denn des Dessert?! Allweil vergißts mein Nachspeiserl. Wenn ich meinen Dienst so tätigen würde wie meine Frau den Haushalt, wie die den Haushalt schmeißt, dann würde der Steuerzahler spitzen.

WAGUSCHEIT: Sie können von mir was haben. Mögn S' a Schweinsohr?

DEUTELMOSER: Ja, nachert, wenn der Schlagrahm kimmt.

HÄGÄDÜSCH: Urgroßtantä hatte einä Schwester Aniko, und Tochter von ihr lebtä mit Mann in Badagonni.

DEUTELMOSER: Moment amal.

HÄGÄDÜSCH: Bolschäwiken alläs wäggänommän.

DEUTELMOSER: Existiert da eine Akte?

HÄGÄDÜSCH: Russen hobän alläs vernichtät.

DEUTELMOSER: Ja, dann muß ma, glaub ich, erst amal an Akt anlegen. Fräun Waguscheit, bringen S' amal an Leitz. – Ja, was wir hier leisten, des geht auf keine Kuhhaut.

HÄGÄDÜSCH: No, das glaub ich Ihnän.

DEUTELMOSER: Weil wenn wir net dawärn, müaßadn de ganzen Ausländer ohne irgendeine Genehmigung hier einfach frei herumlaufen, und das wäre doch eine Schlamperei, die wo seinesgleichen sucht.

HÄGÄDÜSCH: Wenn man bädänkt, wie vielä Ausländär äs gibt.

DEUTELMOSER: Genaugenommen sans ja alles Ausländer, nur der Deutsche nicht, und sogar da gibt es Grenzfälle.

HÄGÄDÜSCH: Ich bin Deitscher, Volksdeitscher, das kann ich bäweisän.

WAGUSCHEIT: Da, der Leitz.

DEUTELMOSER: Ja, haben Sie irgendwelche Papiere? – Ausweise, Belege?

HÄGÄDÜSCH: Kännän Sie Major von Haßlitz. Wohnt jetzt in der Nähä von Salzburg. Er kann Ihnen bästätigän, daß ich bei Währmacht gäkocht habe fir deitsche Offiziere.

DEUTELMOSER: Ja, san Sie jetz a Volksdeutscher, a Flüchtling oder ein Dissident?

HÄGÄDÜSCH: Außärdäm hörän Sie ja an meinär Sprachä, daß ich Deitscher bin.

DEUTELMOSER: Sie, Sie wern's jetzt nicht für möglich halten, wie viele Ausländer es gibt ...

HÄGÄDÜSCH: Ich bin deitsch.

DEUTELMOSER: ... die wo kein anständigs Deutsch sprechen. Ja, mir haben's doch auch lernen müssen, und spreche ich heute noch ein fließendes Deutsch.

HÄGÄDÜSCH: Und vor alläm Grammatik, da muß man Wert darauf lägän, darin liegt deitsche Präzision.

Herr Smrch, der Bote, kommt mit dem Schlagrahm und einem Aktenordner.

DEUTELMOSER: Und da weiß dann der Ausländer sofort, woher der Wind pfeift.

Der Bote stellt Schlagrahm und Ordner auf Deutlmosers Tisch; Deutelmoser macht auf seinem Schreibtisch Platz.

HÄGÄDÜSCH: Weil gutäs Deitsch, das jämand, ist wie, könntä man sagän, wenn einär, daß man hat einä Rickändäckung fir ganzes Läbän.

Bote reicht Schlagrahm.

DEUTELMOSER: Da dean S' 'n her. Ah, Fräun Waguscheit, da Schlagrahm waar jetz da.

WAGUSCHEIT: I kimm scho. *Waguscheit kommt mit Tablett voll Geschirr und Kaffeekanne, serviert.*

HÄGÄDÜSCH: Gutän Appätit.

DEUTELMOSER: Ja, dankschön, a kleins Pauserl ham mir uns schon verdient. *Beißt in das Schweineohr.*

HÄGÄDÜSCH: Major von Haßlitz hat auch immär gägässen Schweinsohr. Zum Frühstück bäreits. Abär ab Oktober 44 wurd es immär unmöglichär. Major von Haßlitz wohnt jetzt in där Gägänd von Salzburg. Er hat auch sämtliche Gütär im Osten aufgägäbän. – In Salzburg gibt äs natürlich wiedär ausgäzeichnetäs Gebäck, abär in Rußland 44, sag ich Ihnen, war das sähr problematisch mit Schweinsohr. – Und, sagä ich Ihnän, Russe värstäht von Gebäckwaren übärhaupt nichts. Blätterteig könnän Sie nirgendwo anträffän.

WAGUSCHEIT: Mei, de armen Leut. A geh.

DEUTELMOSER: *kauend* Man redt ja auch nur von am deutschen Geist. Von am ausländischen Geist hat ma ja noch nie was ghört.

WAGUSCHEIT: Schmeckt's?

HÄGÄDÜSCH: Und, sag ich Ihnän noch eins, wänn där Deitsche Geldhahn zudräht, ist das Ausland ärlädigt.

WAGUSCHEIT: Geh, na kamadn ja no mehr Ausländer.

DEUTELMOSER: Drum zahln mir ja, daß der Ausländer im Ausland bleibt.

BOTE: Genau. *Stellt seine Kaffeetasse ab, geht kauend in Richtung Ausgang.*

DEUTELMOSER: *sieht ihm nach, nimmt den Akt, den der Bote gebracht hat, ruft* Herr Smrch, da, den können S' wieder mitnehmen.

BOTE: Wohin?

DEUTELMOSER: Ja, vielleicht auf 219, zum Herrn Gallenberger zum Beispiel . . .

BOTE: Der ist in Kur.

DEUTELMOSER: So. Nachert bringen S' es auf 321 zum Dr. Berzelmeier.

Der Bote nickt und geht ab.

Um das aber finanzieren zu können, daß der Ausländer im Ausland bleibt, müaßn mir natürlich noch mehr Ausländer hereinnehmen, und darin liegt das Problem.

Waguscheit verschanzt sich hinter zwei Aktenordnern, die auf ihrem Schreibtisch stehen. Sie frißt Sahnetorte, Kuchen, Schlagrahm, Pralinen und dergleichen. Das Telefon läutet, wird ignoriert.

Fräun Waguscheit, is da a Süßstoff drin?

WAGUSCHEIT: Zwoa Stück, wie immer.

HÄGÄDÜSCH: Sie missen wirklich äntschuldigän, daß ich Sie hier molästiere, und ich wäre iberhaupt nicht gäkommän, aber gäzwungänärmaßän, Sie missen wissän, ein Mann ohne Pension ist ein Mann ohne Zukunft, und deshalb benätigä ich Deitschstämmigkeitsnachweis.

DEUTELMOSER: *beißt in sein Schweineohr* Warum san Sie jetz eigentlich net drüben blieben?

HÄGÄDÜSCH: No, Russen, Bolschäwikän und diese Prolätän habän alles mitgänommän nach dem Zusammenbruch. Die deitsche Armee hät äntscheidendä Fählär gämacht.

DEUTELMOSER: I woaß scho, die ME 202 hättens ganz anders einsetzen müssen.

HÄGÄDÜSCH: Beispielsweisä. Abär auch bei Nachschub hat äs gähapärt. Kann ich bestätigän, weil habä gäkocht fir deitsche Offiziersstab. War sähr schwierig, anständigä Menü zusammänzuställän. Ab Oktober 44 war für uns Deitsche schwierigä Situation – nahrungsmäßig.

DEUTELMOSER: Wem sagen Sie das. Mir ham heut noch an den Folgen zu knuspern hier im Amt. Was glauben Sie, was da los is, da herin. Weil, mir müaßen's ja ausbaden, mir müaßen's ja allen recht machen. Wissen S', a Demokratie is ja recht und schön, ich bin ein entschiedener Demokrat, nebenbei bemerkt, aber wenn ma sieht, was heutzutag alles vom Staat kassiert, des san zum Teil Leut, de wo s' vor vierzig Jahr no vergast hätten, als Schädlinge, heut kriegens a Pension. So schaugt's aus.

HÄGÄDÜSCH: So weit sind wir gäkommän mit Libärismus in Deitschland. Staat läßt sich alles gäfallän von Bolschäwisten, Anarchistän, Pazifistän und diesä Juso. Staat schaut einfach zu.

Das Telefon läutet.

DEUTELMOSER: O mei, de Jusos, de habn's nötig.

WAGUSCHEIT: *hebt ab* Waguscheit. – Ja. – Der Herr Deutelmoser?

Deutelmoser winkt ab.

Der Herr Deutelmoser is in einer wichtigen Besprechung. – Naa, morgen geht's aa net, weil da is ein Arbeitsessen.

HÄGÄDÜSCH: Härr Deitelmosär, Dämokratie muß gälärnt sein.

WAGUSCHEIT: O mei, da schaugt's schlecht aus. – Ja, probieren können S' es schon. Sie könnten's natürlich auch beim Dr. Berzelmeier versuchen. Wenn er net grad zu Tisch is oder sonstwie verhindert.

HÄGÄDÜSCH: Wissän Sie, diesä Bolschäwiken verstähn von Dämokratie ibärhaupt nichts.

WAGUSCHEIT: Ja, versuchen S' es da. Wiederschaugn.

DEUTELMOSER: Geh, Fräun Waguscheit, ah . . . *Winkt nach einer Tasse Kaffee.*

WAGUSCHEIT: An Schlotfeger hab i no übrig. Mögn S' 'n?

DEUTELMOSER: Ija, dean S' 'n her, wenn's sei muaß. Dankschön.

HÄGÄDÜSCH: Bolschäwikän sind Barbarän, hätte man schon bei Tolstoi nachlesän können.

DEUTELMOSER: Sie san also, so wie ich des seh, doch mehr a Dissident.

HÄGÄDÜSCH: Gott bäwahrä, ich bin Volksdeitscher, Balasch Hägädüsch, heißt auf deitsch Geiger Blasius. Es geht um meinä Pensionsbärächtigung.

DEUTELMOSER: Aha. Wissen Sie, weil der Pazifismus, der bricht uns as Kreuz. Obwohl, der Pazifismus is ja gar kei deutsche Idee, der kimmt ja von Asien. Und da habens aa Kriege gführt.

HÄGÄDÜSCH: Sähr richtig bämärkt. Jädä Friedänssituation basiert immär auf Gleichgewicht von Militär. Das weiß der Russe ganz gänau. In Rußland wärdän Pazifistän sofort eingäkärkärt. Mit Rächt. Pazifismus hat noch nie Kriege värhindärt. Könnän Sie mir irgendeinen Pazifistän nännän, der wo Kriege värhindärt hat? No?

DEUTELMOSER: Wissen Sie, unsere Demokratie is ja viel zu schlapp.

HÄGÄDÜSCH: Ma muß Grundwärtä, was man hat, värteidigän.

DEUTELMOSER: A Demokratie, die wo sich net wehrt, is's net wert, daß ma s' überhaupt verteidigt.

HÄGÄDÜSCH: Das sag ich Ihnän ja, einä Diktatur värteidigt bässär.

DEUTELMOSER: Ja, weil net a jeder neischnabeln derf, wia bei uns.

HÄGÄDÜSCH: Hitlär is auch nur kaputtgägangän, weil är hattä zu vielä Bäratär.

DEUTELMOSER: Ja, de Generäle. I glaub, wenn er alloa gwesen waar, hätt er 'n vielleicht gwonna.

HÄGÄDÜSCH: Dann sähä äs heutä andärs aus in Europa.

DEUTELMOSER: Er hat sich halt zuviel aufs Ausland verlassen. Mit de Italiener hätt er sich net eilaßn derfn.

HÄGÄDÜSCH: War großer Fählär, abär war nicht alläs värkährt bei Hitlär. Schauen Sie: Todesstrafä, Arbeitslagär, heutä spottät man dariber. Muß ich Sie fragän, wohär kommt das?

DEUTELMOSER: Jedenfalls nicht von ungefähr.

Subjekt erscheint wieder.

HÄGÄDÜSCH: Das hattä alläs seinen Sinn. Zukunft war damals jädänfalls gäsichärt.

WAGUSCHEIT: *beginnt zusammenzuräumen* Trinken S' des noch, Herr Deutelmoser?

DEUTELMOSER: Nehmen S' 's mit.

HÄGÄDÜSCH: Was ich noch sagän wolltä . . .

WAGUSCHEIT: Sie . . . *Deutet auf die Uhr, die kurz vor 15 Uhr anzeigt.* . . . Es is fei . . .

DEUTELMOSER: I woaß scho. Ja, also, Herr . . . ah . . .

HÄGÄDÜSCH: Hägädüsch . . .

DEUTELMOSER: . . . Hägädüsch, ich werd schaun, was in meiner Macht steht. Irgend was Offizielles bräucht ich natürlich schon.

HÄGÄDÜSCH: Wohär soll ich nähmän . . .

Das Telefon läutet.

DEUTELMOSER: Ich versteh schon. Notfalls machma halt a kleine eidesstattliche Erklärung.

HÄGÄDÜSCH: Sähr gut.

DEUTELMOSER: Die müaßadn S' nachert noch amtlich beglaubigen lassen, und ich kenn Sie ja jetzt auch. *Hebt Hörer ab.* Ja, Deutelmoser. – Augenblick. *Legt den Hörer auf den Tisch.* Also . . .

HÄGÄDÜSCH: Herr Deitelmosär, hat mich sähr gäfreut, weil habä ich in Ihnän interässantä Mänschän kännängälärnt mit värnünftigän Ansichtän.

DEUTELMOSER: Na ja . . .

HÄGÄDÜSCH: Glaubän Sie mir, heitzutagä ist schwierig, daß Sie offen rädän könnän. Überall Bolschäwiken.

DEUTELMOSER: Schon auch, aber de Pazifisten und de Juso, des is des, was unsern Staat hier kaputtmacht.

HÄGÄDÜSCH: Leutä wie Sie und ich missen zusammänhaltän.

DEUTELMOSER: Mir paßn scho auf. Also dann, verbleiben mir so, wie besprochen.

HÄGÄDÜSCH: Värstähä, machän wir alläs eidesstattlich.

DEUTELMOSER: ... und beglaubigt.

HÄGÄDÜSCH: Habä Major von Haßlitz als Zeige, und nötigänfalls kännän Sie mich auch.

DEUTELMOSER: Ja, Wiederschaun, ich muß jetzt weitermachen. *Hebt Hörer auf.* An kleinen Moment noch. *Legt Hörer wieder hin.*

HÄGÄDÜSCH: Kiß die Hand, gnä' Frau. Wiedärsähn, Herr Deitelmosär. *Geht.*

WAGUSCHEIT: Ah, Wiederschaugn. *Spült ab und räumt auf.* Ein sehr gebildeter Herr ...

SUBJEKT: Verzeihung, da kann was nicht stimmen. In Zimmer 237 A war gar niemand da, und die Dame von Zimmer 14 sagte mir, ich müßte zuerst zu Ihnen.

DEUTELMOSER: Ah, Fräun Waguscheit, wer war denn der Anruf da vorhin?

WAGUSCHEIT: Ich weiß nimmer, wie er gheißn hat, so ein Herr war's jedenfalls. Er hat gmeint, er müaßad Sie sprechen, aber ich glaub, er hat sich net so recht auskennt.

DEUTELMOSER: Aber uns ständig belästigen, des mögn mir.

WAGUSCHEIT: Ich hab ihn an Dr. Berzelmeier verwiesen.

DEUTELMOSER: *packt seine Mappe zusammen* So, ich hab gmeint, der is da gar nimmer zuständig.

WAGUSCHEIT: D' Fräun Weithas hat des aa behauptet, aber d' Frau Löffler hat gsagt, daß er beim Betriebsabend an der Bar gsehn worden ist.

DEUTELMOSER: Wer?

WAGUSCHEIT: Der Dr. Berzelmeier.

DEUTELMOSER: Aber der is doch jetzt im Außendienst, hat's gheißen.

SUBJEKT: Verzeihung, was ist denn hier, ah, ich ...

WAGUSCHEIT: Des hat's letztes Jahr aa scho gheißen ...

DEUTELMOSER: *hebt den Hörer auf* Ja, hallo, Deutelmoser?

WAGUSCHEIT: ... aber beim Betriebsabend war nur der Innendienst, der gesamte dritte Stock quasi, und da is er an der Bar gseßn.

DEUTELMOSER: Moment, ich verbinde. *Stellt Telefon durch, hängt ein und stöhnt.* Oje, zuageh duat's heit wieder.

WAGUSCHEIT: Ja, ich bin auch ganz derschossen, Gott sei Dank fahr ich jetzt in Urlaub.

DEUTELMOSER: Bei mir werd's aa Zeit. Wo fahrn S' 'n hin?

WAGUSCHEIT: Ins Grödnertal, wie jeds Jahr. Da is's herrlich.

DEUTELMOSER: Aha, Marmolata, bergsteign.

WAGUSCHEIT: Ja, vielleicht a bißl, aber eigentlich mehr so.

DEUTELMOSER: Na, wünsch ich Ihnen was. *Schließt seine Mappe.*

WAGUSCHEIT: Ja, dankschön, also, Wiederschaugn, Herr Deutelmoser. *Nimmt ihre Handtasche und geht.*

DEUTELMOSER: Ja, pfüat Eahna Gott.

SUBJEKT: Hallo, Sie, ah . . .

DEUTELMOSER: Seit wann heißen mir Hallo?

SUBJEKT: Verzeihung, ich komme doch nur, es ist wegen meinem Aufenthaltsgenehmigungsverlängerungsantrag.

DEUTELMOSER: Wissen Sie, was für a Jahr mir heuer schreiben?

SUBJEKT: 1988. Wieso?

DEUTELMOSER: Aha, und was für an Monat ham mir jetzt?

SUBJEKT: Mai.

DEUTELMOSER: Guat, des woaß er, und was für ein Tag?

SUBJEKT: Mittwoch.

DEUTELMOSER: Bravo, er is net blöd. Da, kommen S' amal mit.

Deutelmoser führt Subjekt zum Büroschild am Eingang.

Da, kenna S' lesn?

SUBJEKT: *liest* Schalterstunden: Mo. Mi. u. Frei. 9.30-11 und 14-15 Uhr.

DEUTELMOSER: Und jetzt schaugn S' amal.

Deutelmoser deutet auf die Bürouhr, die 15.00 Uhr anzeigt, geht, nimmt seine Mappe, klimpert mit dem Schlüsselbund und schiebt das Subjekt zum Ausgang.

Der neue Mieter

Herr Vögele geht im Treppenhaus, Frau Humpel öffnet ihre Haustür einen Spalt.

FRAU HUMPEL: Pst, Sie, Herr Vögele ...

HERR VÖGELE: Ja?

FRAU HUMPEL: Ham S' an Augenblick Zeit?

HERR VÖGELE: Ja, wieso?

FRAU HUMPEL: Sie ham S' aa scho ghört, oder?

HERR VÖGELE: Ja, was 'n?

FRAU HUMPEL: *deutet nach oben* Dritter Stock ...

HERR VÖGELE: Ah so, der neue Mieter, jaja, ein leidiges Kapitel.

FRAU HUMPEL: Können S' sich scho gleich auf an Dauerknoblauchgeruch eistelln. Am End riechma selber danach.

HERR VÖGELE: Ja, ich derf ja gar net, scho wegam Gschäft, i muaß ja ständig mit Leut umgehn.

FRAU HUMPEL: Ja, da wern S' spitzn, da nehmen die keine Rücksicht, die essen nix anders.

HERR VÖGELE: Ich hab ja an und für sich gar nix gegan Knoblauch einzuwendn, aber permanent dann dieser Geruch da herin.

FRAU HUMPEL: Aber Sie wern sehn, des kimmt auf uns zu. Und Kinder sollens ham.

HERR VÖGELE: Ja, des hams ja alle, und net zwenig.

FRAU HUMPEL: Da wern S' schaugn, da werma no was erleben, und de san doch vollkommen unerzogn, weil die san doch alle so kindernarrisch.

HERR VÖGELE: Dann ham mir zum Gstank noch den Radau. Und de san dann wahrscheinlich erst die Vorhut, wer woaß, was dann noch alles nachkimmt.

FRAU HUMPEL: Ja, ma liest's ja ständig mit dene Großfamilien, und keiner von dene kann dann ein Wort Deutsch, und die grüßen auch gar net . . .

HERR VÖGELE: Und diese Musik, dieses Gedudel rund um die Uhr, mir samma doch hier kein Basar.

FRAU HUMPEL: Ja, Herr Vögele, wenn S' mich fragn, des dürfn mir gar net erst einreißn lassen, d' Frau Kuschmelka hat auch schon gsagt: Wehret den Anfängen. Sie hat gsagt, nur noch energisch bei der Hausverwaltung protestiern, und zwar namentlich und schriftlich.

HERR VÖGELE: Ja, jetzt muß was passiern, weil sonst is's passiert. Ah, Frau Humpel, da soll doch scho so a Unterschriftenaktion im Gang sein, hab ghört . . .

FRAU HUMPEL: Ja, genau, desweg hab ich Sie ja, des is doch der Grund, warum ich mit Ihnen, ah, Herr Vögele, ich hab's grad da.

HERR VÖGELE: Was?

FRAU HUMPEL: Da, Brief und Liste . . .

HERR VÖGELE: Ah, da, dankschön . . . *Liest.*

FRAU HUMPEL: Die Kusine von der Frau Kuschmelka is doch Sekretärin in ara Anwaltskanzlei, die hat den Brief aufgesetzt, die kennt sich da aus.

HERR VÖGELE: Mhm . . . und aus oben angeführten Gründen untragbar. Sehr gut, ja, sehr gut formuliert, jedenfalls deutlich. Ham S' was zum Schreibn da?

FRAU HUMPEL: Da. – Familie Stuhlmann hat auch unterschrieben, nur der Herr Opitz net.

HERR VÖGELE: Warum unterschreibt 'n der net, der Feigling?

FRAU HUMPEL: Naa, er sagt, des san bei ihm persönliche Gründe, er war doch im KZ.

HERR VÖGELE: Ja, aber ma muß doch amal vergessen können. Des is doch hier ganz was anderes.

FRAU HUMPEL: Ja mei...

HERR VÖGELE: Des geht doch hier schließlich um unser, ah, ah, mir samma doch hier in Deutschland, es gibt doch aa Deutsche, die wo a Wohnung suchn, sollens doch erst amal an die Deutschen vermietn, statt an diese anatolischen Berg...

FRAU HUMPEL: Pst...

Herr Ötztürk, gut gekleidet, geht an den beiden vorbei.

HERR ÖTZTÜRK: Grußgott.

HUMPEL/VÖGELE: *zögernd* Ja, grüß Gott...

Frau Humpel und Herr Vögele beobachten stumm Herrn Ötztürk, bis er, ein Stockwerk höher angelangt, eine Wohnung aufsperrt.

HERR VÖGELE: *unterschreibt eilig* Ja, Sie, da müaßma uns aber sputen mit der Aktion, de san ja scho so guat wie herin. Der schaugt sich ja schon um da drobn. Ich hab gmeint, de kommen erst.

FRAU HUMPEL: Ja, ich bin selber überrascht, aber Möbel hams no koane herin. Geben S' her, i schick's nachert glei weg per Einschreiben.

HERR VÖGELE: Ja, höchste Eisenbahn...

Herr Ötztürk kommt wieder zügig zurück.

HERR ÖTZTÜRK: Ja, 'tsuldigung, wann ich unterbrechen, Ötztürk mein Name, ich habe diese Haus gekaufen, wohnen hier schon und hoffen schon, daß gutt Nachbarschaft haben.

FRAU HUMPEL: Ah geh, Sie san des, Sie ham des Haus kauft? Ja, des is aber nett.

HERR VÖGELE: Ja, ah, angenehm, Vögele ...

Die Okkupanten

Herr Reitmoser und Frau Güstrop entsteigen einem 500 SE. Sie nähern sich einem Gehöft.

FRAU GÜSTROP: Der Mann ist quasi in Rente. Es reicht vorn und hinten nicht, nebenbei verdient er sich noch 'n paar Mark mit so Holzschnitzereien und so 'n Zeug. Drum hab ich auch zum Herrn Ranftl gesagt, das ist der Bürgermeister . . .

HERR REITMOSER: Is er Bürgermeister?

FRAU GÜSTROP: Nee, nee, er heißt auch Ranftl. Die heißen hier alle Ranftl oder Breitenberger. Bei den Verwandtschaftsverhältnissen hier blickt ja kein Aas durch. Also, ich sage: Der Mann muß hier raus. Das is 'n Sozialfall, das, das, das geht doch nicht . . .

HERR REITMOSER: Jedenfalls net auf Ihre Kosten, Frau Güstrop . . .

FRAU GÜSTROP: Ja eben, eben, der Mann sitzt ja sonst praktisch auf der Straße, das ist doch kein Zustand, nicht wahr . . .

HERR REITMOSER: Ja, aber ich muß schon sagen, sonst ham S' es fei sehr schön derwischt, es hat was Unberührtes.

FRAU GÜSTROP: Ja eben, das is es. Ich bin ja auch sehr glücklich, daß Dr. Frank dieses Idyll für mich aufgetan hat. Schaun Sie, hier wohnt der Breitenberger, da bekomme ich meine Milch direkt von der Kuh, und Eier jede Menge . . .

HERR REITMOSER: Ja, richtige Landeier quasi . . .

FRAU GÜSTROP: Gucken Sie sich mal an: Das is hier alles noch so richtig intakt. Herrlich einfache Leute, keine Spur von Überfremdung, wo findet man das heute noch . . .

HERR REITMOSER: Da müssen S' fei im Bayerischen Wald heut scho weit suacha. Weil wenn die Autobahn amoi fertig is, dann hams mehr Zahnärzte wie Bauern da. I moan, da, wo's schee is da drunten . . .

FRAU GÜSTROP: So, Herr Reitmoser, da wären wir. Was sagen Sie nun?

HERR REITMOSER: Ja, ja, kein schlechter Griff, Frau Güstrop. Auf'n ersten Blick jedenfalls. Schauma amal, was mir noch an Bausubstanz vorfinden . . . *Prüft Fundament.* Schwamm scheint keiner drin zu sein . . .

FRAU GÜSTROP: Nee, nee, das is alles trocken. Darauf hab ich schon geachtet.

HERR REITMOSER: Des is scho die halbe Miete. Dad i sogn, gehma mal nei. Ham S' an Schlüssel dabei?

FRAU GÜSTROP: Nee, is offen. Sie wissen ja, dieser . . .

HERR REITMOSER: Ah ja . . .

FRAU GÜSTROP: Sagen Sie mal, Herr Reitmoser, was is 'n das hier! *Deutet auf KMB.* Hat das mit Maul- und Klauenseuche zu tun? Das habe ich hier schon überall gesehen . . .

HERR REITMOSER: Naa, des hoaßt Kaspar, Melchior, Balthasar . . .

FRAU GÜSTROP: Is das irgend'ne Firma?

HERR REITMOSER: Naa, des san die heiligen drei Könige.

FRAU GÜSTROP: Ach so, ja. Also, kommen Sie . . . *Beide gehen ins Haus.* Also hier dachte ich, das Gästezimmer. Wissen Sie, von den Kontakten mit der hiesigen Bevölkerung kann ich ja nicht leben. Ich brauche ja ab und zu mal jemanden, mit dem man sich unterhalten kann.

HERR REITMOSER: Ja, Natur, an und für sich okay, aber ohne Kontakte verkümmert der Mensch. Sie san ja sonst praktisch aufgeschmissen.

FRAU GÜSTROP: Nee, nee, ich versaure hier nich, keine Sorge, hier dachte ich, mehr für gute Bekannte, und aus der Scheune mach ich dann später ja noch 'ne Einliegerwohnung.

HERR REITMOSER: Ja, da ham S' recht, und steuerlich stehn S' ja dann auch ganz anders da. Ham S' noch irgendwelche Sonderwünsche für da herin? Weil S' was von 'nem offenen Kamin gesagt ham . . .

FRAU GÜSTROP: Nee, hier Kachelofen. Ja, und hier dachte ich an 'ne Art Kreativitätsraum, daß ich mal male oder modelliere oder irgend so was, hab ich mir gedacht, der Raum hier hat nämlich 'ne unheimliche Atmosphäre. Finden Sie nich? Sie müssen sich nur dieses Gerümpel hier mal wegdenken, aber ich brauche hier Licht.

HERR REITMOSER: Machma a Fenster zusätzlich rein. Von der Statik her dad's gehn, und vielleicht a paar Studiolampen.

FRAU GÜSTROP: Ja, so irgendwie.

Die beiden gehen in die Küche. In der Küche sitzt Ranftl und schnitzt.

HERR RANFTL: Grüß Gott!

FRAU GÜSTROP: Guten Tag, Herr Ranftl! Herr Reitmoser, das ist Herr Ranftl, von dem ich Ihnen schon erzählt habe. Das ist Herr Reitmoser, mein Architekt.

HERR RANFTL: 's Gott.

HERR REITMOSER: Angenehm.

FRAU GÜSTROP: Behalten Sie Platz, Herr Ranftl. Wir gucken uns grade mal um. Also, hier dachte ich, den offenen Kamin.

HERR REITMOSER: Ja, schön, aber da, moan i, werd's schwierig . . . *Klopft an die Wand* . . . wei so wia des Haus ausschaugt, ham die wahrscheinlich Stützbalken in den Kamin neigmauert, und da sagt die Feuerpolizei sofort nein . . .

HERR RANFTL: Naa, des miaßad scho geh. Wei wia mei Vater seinerzeit an Speicher umbaut hat, da ham mir seinerzeit . . .

HERR REITMOSER: Ja, ja, des kennma scho. Naa, da miaßma was macha, weil die ham damois noch koa Feuerpolizei ghabt, weil des Haus schätz ich so approximativ auf zweihundert Jahr, leicht . . .

FRAU GÜSTROP: Nee, das reicht nicht. – Herr Ranftl, äh, äh, wie lange sitzt Ihre Familie schon hier auf diesem Hof?

HERR RANFTL: Ja, mir san urkundlich as erste Mal erwähnt 1602. Der Name Ranftl is praktisch . . .

HERR REITMOSER: Und was machma mit de Böden, gnä' Frau?

FRAU GÜSTROP: Tja, da hab ich, äh, was Tolles gesehen. Ich hab mir das auch schon zugelegt. In der Provence hab ich das in meinem Haus, das hat sich sehr bewährt. Das is so wie gebrannter Lehm irgendwie, ganz bäuerlich urig, aber 'n warmer Ton, und darüber 'n Perserteppich. Sieht fabelhaft aus.

HERR REITMOSER: Ja, und zum Perser a Eichenparkett?

FRAU GÜSTROP: Nee, ich habe Täbris. Das is 'n fabelhafter Kontrast.

HERR REITMOSER: Wie Sie meinen.

FRAU GÜSTROP: Tja, Herr Reitmoser, jetzt hab ich aber noch 'n ganz spezielles Problem, ich würde gerne diesen ländlichen Geruch in diesem Raum erhalten.

HERR REITMOSER: Sie meinen die Aura da herin. Des wird natürlich, äh, am Geruch können wir leider noch nichts konservieren, da machen S' halt des Fenster auf, da is doch glei a Bauernhof . . .

FRAU GÜSTROP: Nee, da zieht doch der Dr. Frank ein. Mit Landwirtschaft hat der nichts am Hut.

HERR REITMOSER: Ja, aber a guate Luft ham S' hier auf alle Fälle. So, i dad sagn, des ham mir jetzt gsehng derweil, schauma uns doch mal oben um, wia ma des mit der Galerie machen . . . *Geht, steht am Gang.*

FRAU GÜSTROP: *leise* Herr Ranftl, also es tut mir leid, aber am Ersten ist nun endgültig ultimo.

HERR RANFTL: Ja, aber ich hab ja noch gar nix.

FRAU GÜSTROP: Das ist Ihre Sache. Sie wissen seit drei Monaten Bescheid ...

HERR RANFTL: Ja, aber ich muß doch auch irgendwo ...

FRAU GÜSTROP: Ich habe hier zweitausend Mark Verbindlichkeiten pro Monat, es geht nicht anders.

HERR RANFTL: Ja, schon, aber ...

FRAU GÜSTROP: Am Ersten nächsten Monat, da ist nichts mehr dran zu rütteln. Herr Reitmoser, wann fangen wir an? Wann kommen die Handwerker?

HERR REITMOSER: Am Dritten san die Maurer bestellt. In vierzehn Dog geht's auf ...

FRAU GÜSTROP: Sehn Sie, Sie ham's gehört, also dann, schönen Tag noch.

Sie gehen, Herr Ranftl schaut.

Ein Sanierer

I sag Eahna ganz ehrlich, der Mieter is wie ein Hausschwamm. Der, wenn amal drinsitzt, kriegst 'n nimmer raus. Also, i sag's Eahna, was ich an Aufwand ghabt hab, bis i die Bagage draußt ghabt hab, finanziell und ideell, Sie, des vergütet mir koa Finanzamt. Steuern derf i scho zahln, gell, und was draus macha aus dera Bruchbude – wissen S', des is des, was uns Unternehmer müde macht. Alloa wega der oida Schäsn, de wo da drin war – wie ein Blutegel. De hat si direkt festgsaugt. Weil sie gsagt hat, i soll wartn, bis sie nausgstorbn is. Naa, sag i, ja Sie san guat, Frau, Sie wohnan jetz seit vierzig Jahr da herin bei am Mietpreis, wo i mir net amal a Essiggurkn kaffa ko, ja, da könnan Sie no lang lebn, aba i ko net davo lebn, vastehnga S'. I gunn Eahna ja a langs Lebn, aba net auf meine Kostn und net da herin. I hab dera Frau nachert fünf Braune unter d' Nasn ghaltn, schau her, Oide, des is doch des, was du brauchst, hab i gsagt, na hats es Woana ogfangt, wei so vui Geld hat ja de in ihrm Lebn no nia auf oam Haufn gsehng, na hab i mir denkt, guat, i bin zwar net der Weihnachtsmann, aber den Umzug ins Altersheim zahl i ihr aa no, ma is ja schließlich a Mensch irgendwie. Guat, na war de Oide draußt, na is's erst losganga. Im ersten Stock a Familie mit vier Kinder. Sie, des is ja wie ein Tabu. Findn Sie für solchane Krattler amal a Ersatzwohnung. Praktisch aussichtslos. I hab dene gsagt, Leut, as Nymphenburger Schloß konn i euch natürlich net mietn. A ganze Jahresmiete hätt i dene erlaßn, nix. I hab's nachert an meine Anwälte übergebn, wei mit gutm Zuspruch is nix ganga. Sie, wenn S' amal an guatn Anwalt brauchen, i hab oan, der find Eahna oiwei a Gesetzeslücke. Der is wia a Marder. Guat, also zufällig hat si nachert der Familienvater von dene umbracht, na sans a Fürsorgefall worn, un' na is doch wenigstens a weng schneller ganga. Überall, wo was frei worn is, hab i a paar Türken nachgschobn, des san guate Verwohner, hat's ghoaßn, dabei ham de Hund dann heimlich as Renoviern ogfangt. Na hab i de aa wieder nausdoa müaßn, und in dem Stil waar des also weiderganga, na hab i as Dach abdeckt, d' Haustür ausghängt und im Stiagnhaus as Liacht abdraht. Da drin hat's pfiffn wia in am Windkanal. Aber, Sie wern lacha, nur so geht's. Nur so. Schaun Sie, i hab den Häuserblock g'erbt, von meim Bappa, aber wie sagt so schön der Meister Goethe: Was du ererbt von deinen Vätern . . . *Entdeckt einen Penner.* Ah, was duat 'n der da? Ja, schaug, daß du weidakimmst, oda muaß i d' Polizei rufn? Ja, hörst du schlecht? Schleich di! *Penner verzieht sich.* Ja, sagn S' amal, de san ja schlimmer wie de Ratzn. Sie, wenn man so Leut siehgt, dann fragt ma sich doch wirklich: In was für am Staat lebn mir denn eigentlich? . . .

Großbrand

Die Häuserfront eines Wohnblocks. Man hört Martinshörner eines Löschzugs. Fenster gehen auf. Anton Bemmerl öffnet sein Wohnzimmerfenster. Innen Fernsehlicht und -ton.

ANTON: Anni! – Anni!

ANNI: Ja, was is des?

ANTON: Es brennt.

ANNI: Des werd bei dene Gastarbeiter sei, de da eizogn san.

ANTON: So ein Leichtsinn. Weil s' oiwei mit'm Tauchsieder kochen.

ANNI: Da, schaug, de Flammen gehnga schon nauf bis zum Herrn Rösner. Ob der dahoam is?

ANTON: Der is doch um de Zeit nie dahoam.

ANNI: Vielleicht ist er doch dahoam, na muaßma 'n warnen.

ANTON: Na ja, er is ja wahrscheinlich doch net dahoam. A so ein Leichtsinn.

ANNI: De Feuerwehr laßt si aa Zeit. Daß da gar nix vorangeht . . .

ANTON: De laßn des brenna, wega der Altstadtsanierung.

ANNI: Vielleicht findens koan Wasseranschluß.

Man hört neue Martinshörner.

ANTON: Da kimmt no a Löschzug.

ANNI: Du, wer steht denn da?

ANTON: Wo?

ANNI: Da obn im Fenster. Des is doch die Frau Mitterwieser.

ANTON: Ja, des is d' Frau Mitterwieser. Ja, furchtbar, die alte Frau Mitterwieser. Is der Maxl net dahoam?

ANNI: Naa, de san heuer nach Südtirol.

ANTON: So, i hab gmoant, de san heuer in Kärnten.

ANNI: Nanaa, Südtirol.

ANTON: *blickt nach oben* Grüß Gott, Frau Sontheimer. Brennt ganz schee. *Deutet* D' Frau Mitterwieser!

ANNI: Wettn, die ham koa Sprungtuch dabei.

ANTON: *laut nach oben* De ham wahrscheinlich koa Sprungtuch dabei, und der Maxl is in Südtirol!

ANNI: De arme Frau Mitterwieser, daß die auf ihre alten Tag no hupfn muaß.

ANTON: Naa, wettn, de hupft net. De verbrennt lieber, bevor s' hupft.

ANNI: Da, schaug hi. Der Rösner.

ANTON: Is er doch daheim.

ANNI: Obwohl der sonst um die Zeit nie daheim is.

ANTON: A so ein Pech. Durchs Stiegenhaus kommt der nimmer.

ANNI: Schaug dir doch amal diese Rauchentwicklung an. Daß des aso raucht. Was ham denn de für Möbel?

ANTON: Des san de Teppichböden, de wo so rauchen. Also durchs Stiegenhaus kommt der nimmer.

ANNI: De müaßn doch amal a Leiter herdoa, de alte Frau kann doch net abihupfn.

ANTON: Ja, des is unzumutbar. De is doch scho guate siebzig Jahr, de halt so an Sprung nimmer aus, des san doch mindestens elf Meter.

ANNI: Wenn's glangt. Elf Meter san's mindestens.

ANTON: Da, de Gastarbeiter stehnga scho drunt.

ANNI: Typisch. De ham si in Sicherheit bracht.

ANTON: Mei, de ham nix zum Verliern.

ANNI: Wie die den Schaden wiedergutmacha wolln, is mir auch schleierhaft.

ANTON: Ja, bei dene werd net viel zum Holen sei. Schaug, jetz löschens mit der Schaumkanone.

ANNI: Mein Gott, de macha ja ois kaputt. Da, de Vorhänge, de könnas wegschmeißn.

ANTON: Mei, vielleicht sans versichert.

ANNI: Jetz hams de alt Mitterwieser in Sicherheit bracht.

ANTON: Der Rösner is aa scho herunt. *Martinshörner und Blaulicht.* Da, jetz kamad as Rote Kreuz daher, wo s' alle in Sicherheit san.

ANNI: Mei, die schaugt vielleicht aus in ihrm Morgenmantel. Wo de heut nacht schlafn?

ANTON: Mei, irgenda Hotel oder a Nachtasyl.

ANNI: Oder vielleicht bei Verwandte.

ANTON: Jetz hams es eh gschafft. Des bißl Rauch macht nix mehr.

ANNI: Des war ja gar koa Großbrand. *Laut nach oben* War ja gar koa Großbrand.

ANTON: *ebenfalls laut* Des, wenn a Großbrand gwesn waar, hättens es nicht so leicht in Griff kriagt.

ANNI: Na dad's jetz no brenna. Na ja, i schaug wieder a bißl. *Weg vom Fenster.*

ANTON: Geh weiter, Anni, mach a weng lauter, vielleicht bringens es in de Nachrichten.

ANNI: *erscheint noch mal* Des glaub i net, wenn, na bringen de nur an Großbrand.

ANTON: Na ja, es kimmt drauf o, was s' sonst für Nachrichten ham . . . *Schließt das Fenster.*

Die Hobby-Hausbauer

Familie Johannser kommt aus ihrem Haus. Man geht zum Neubau gegenüber.

ER: Ja, ich darf's Ihnen mal gschwind zeigen, mir san vorigen Herbst erst praktisch fertig worn ...

SIE: Grad die Extras in der Küche – Dunstabzug und was ma halt so braucht, mei, d' Handwerker, Sie wissen ja selber, wie sich so was hinziehen kann ...

ER: Bis die mit der Wärmepumpn in Schwung kommen san, und dann, alles bestens isoliert, des braucht sei Zeit. Man muß ja auch die Angebote prüfen.

SIE: Also, bis man die Angebote alle geprüft hat ...

ER: Es san ja soviel Angebote heutzutag.

SIE: Bis ma des alles geprüft hat, werd's scho wieder deirer.

ER: Na ja, mir ham allweil auf Festpreisbasis verhandelt.

SIE: Beim ersten Haus hamma noch an Fehler gmacht, ohne Festpreise baut, gell, da hat's uns ganz schee neilaßn, finanziell, woaßt as no ...

ER: Ja, aus Erfahrung werd ma klug, hahaha ... Dann gehma mal nei.

Sperrt auf.

SIE: Jetzt geh grad zua.

ER: Also, schaun S' her, da schaun S' her, gleich Toilette ...

SIE: Des is es Klo. Waschbecken.

ER: Ja, Waschbecken, da, die Küche ...

SIE: Das ist die Küche. Mir ham gsagt, Einbau, weil wenn, scho was Gscheits.

ER: Was anders kimmt gar net in Frage.

SIE: Ja, sehn Sie, mir ham alles sauber abgedeckt, weil wer weiß, wann's überhaupt mal in Benützung kimmt.

ER: Die Kinder san ja noch praktisch, schaun S' her – *deutet* – und sei Bruada is im Kindergarten.

SIE: Also, des dauert sicher noch etliche Jahre, bis von die Kinder mal eins da . . . Und Mieter nehmen mir prinzipiell koane nei.

ER: Scho vo Haus aus net, die verwohnen alles, dann woaß ma net, wer's is – da, es Wohnzimmer mit Bauernstube . . .

SIE: Fernseher, Hifi-Kompaktanlage, alles da, also schon, Sie verstehn . . .

ER: Ja, bei die heutigen Mieter, wer woaß, ob ma s' überhaupts wieder rausbringt bei dene Gesetze, un' mir wohnen gleich eh vis-a-vis, also, mir können des ohne weitres selber warten.

SIE: Ich wisch nur einmal im Monat, wisch ich einmal sauber durch, net, und der Fall hat sich, Staubsauger und so ist ja alles da, und dadurch, daß hier keiner wohnt, fällt ja auch kaum was an.

ER: Ja Herrschaft, wia kimmt dann der Kratzer da her?

SIE: Wo?

ER: Da, da, hier, der war vorher no net da.

SIE: Jessas naa, wo der herkimmt . . . Jetz stelln S' Eahna erst amal vor, wenn da wer wohna dad.

ER: Da, Schlafzimmer, ebenfalls rustikal.

SIE: Daß's halt zur Bauernstube unten paßt.

ER: Da, so a Lampn kann er jederzeit auswechsln, wenn's wirklich ist, daß er a andere will . . .

SIE: Mir ham jetzt die derweil halt amal reidua, wegam Licht.

ER: Gehma amal ganz nauf, von oben könnt ma vielleicht an Rohbau . . .

SIE: Naa, vom Balkon . . .

ER: Ah ja, vom Balkon . . . Oben kann er sich's später amal ausbaun, nach Bedarf, wie er will . . .

SIE: Oder mir bauen's eahm no aus, des sehngma dann noch.

ER: Es is ja auch irgendwie a Geldfrage . . .

SIE: Also, des Haus, des is für *ihn* gedacht, natürlich erst, wenn er amal soweit ist, daß ma sagad, hahaha, net . . . *Deutet auf ein Kleinkind.*

ER: Sie ham beide a Doppelgarage, d' Fraun san ja meistens a berufstätig. Seins is ja erst im Rohbau. *Deutet auf ein anderes Kleinkind.*

SIE: Mir selber ham fei bloß a einfache Garage, aber es glangt eigentlich aa . . .

ER: Und wenn's wirklich is, na baunma halt noch eine dazu. Jetzt schaun S' her, da, von da sieht ma des, da, des is der Rohbau. Unten kimmt wieder a Toilette, Küche praktisch, auch a Bauernstube, im Grunde wie hier auch.

SIE: Drüben deanma aa net vermieten.

ER: Naa, Mieter auf gar koan Fall. Wer woaß, was des für Leit san. Ma wissad ja gar net, wer da reinkimmt.

SIE: Und dann verwohnens alles. Und naus bringt ma s' glei zwoamal net.

ER: Im Grunde san beide Häuser gleichwertig, er hat a paar Quadratmeter mehr Grund . . .

SIE: Aber unwesentlich . . .

ER: Während er dafür an offenen Kamin neikriagt. Und sei Kellerhöhe is zehn Zentimeter mehr. Gut, des is ein Vorteil, aber ich hoff, daß sich deswegs die Ehefrauen später amal nicht . . .

SIE: Obwohl ma des mit die Ehefrauen nie so genau weiß. Die Häuser san ja eigentlich weit gnua ausanand, oder?

ER: I pflanz eahna jetz scho a Fichtenhecken, bis die soweit san, san die Baam so hoch, da brauchen sie sich gar nimmer sehn.

SIE: Er is ja der Bauherr – *deutet auf Kleinkind* –, also aus steuerlichen Gründen . . .

ER: Mir ham ja unsre Steuervorteile scho bei dem Haus – *deutet* – und bei unserm Haus aufbraucht, also da geht nix mehr, steuerlich, aber für eahm ham mir scho wieder an Bausparvertrag abgeschlossen, weil wissen Sie, schaun Sie, was is es Geld, Wertpapiere, mei . . . Aber so a Haus is nach menschlichem Ermessen wertbeständig, ganz egal, was ma damit macht.

SIE: Und wenn's fertig is, sieht ma, was ma hat. Da hintn, schaun S', da ham mir fei aa no an Bauplatz. Da könnt ma vielleicht auch amal . . .

ER: Ja, nicht so voreilig, alles zu seiner Zeit. Sie wissen ja: Gut Ding hat Weil' . . .

Beide lachen.

Der Humorist beim Finanzamt

Winfried Deutelmoser sitzt an seinem Schreibtisch und bohrt in den Zähnen, Annerose Waguscheit sortiert ihre Handtasche.

DEUTELMOSER: Ham Sie heut aa den Sauerbraten ghabt, Frau Waguscheit?

WAGUSCHEIT: Naa, i muaß abnehmen. I hab das Kaßler gnommen. War er gut, der Sauerbraten?

DEUTELMOSER: Ah ja, er war net schlecht, a bißl wenig halt. Ich hätt gern no an Extraknödel ghabt, aber des is allweil des Gfrett, kaum gibt's an Sauerbraten, marschieren alle Abteilungen drauf zu, und was dann übrigbleibt, des is natürlich, wie immer, wenig. Und den Zitterpudding rührt eahna koana o. Aber sie machen ihn trotzdem, bloß, weil er im Etat drin is.

WAGUSCHEIT: Mei, was da Geld nausgschmißn wird.

DEUTELMOSER: A Knödel kann doch net mehr kosten wie a Zitterpudding. Herrschaftseiten, jetz moan i, spinnt der Computer scho wieder. *Es klopft.* Ja, herein! – Scheißkasten. *Es klopft wieder.* Herein!

Manfred Söll, ein schmächtiger Mensch, sorgfältig gekleidet, betritt das Büro und sieht sich um.

SÖLL: Grüß Gott.

DEUTELMOSER: So ein Glump, mag er wieder net. Da muaß oana dro rumgspielt haben.

SÖLL: Grüß Gott.

DEUTELMOSER: Ja, grüß Sie Gott, nächstens sperrn mir über Mittag ab. 'S is eh Vorschrift.

WAGUSCHEIT: Oben im dritten Stock beim Dr. Berzelmeier is er scho seit vierzehn Tag kaputt. Es hat immer gheißn, daß s' 'n reparieren. Weil die gesamte Abteilung für Beschränkte ja praktisch lahmgelegt is, die können gar nimmer arbeiten.

DEUTELMOSER: Ja, Sie werdn sehn, uns geht's noch genauso, wenn des so weitergeht. Apropos, haben Sie die Unterlagen in der Angelegenheit Reitmoser-Schwöpf... San die wieder aufgetaucht? Was is 'n da los?

WAGUSCHEIT: Ich kann's einfach net finden. An ganzen Tag hab ich s' gsucht. Jetzt hab ich s' an'n Herrn Smrch weitergebn, der kümmert sich drum, hat er gsagt.

SÖLL: Hallo, Verzeihung, äh...

DEUTELMOSER: Ja, an Moment noch, gell, Sie sehen ja ... *Geste*. So, der Herr Smrch macht das jetzt. Na laßn S' 'n glei amal kommen. Da muaß ein Exempel statuiert werden. Rufen S' amal glei an.

WAGUSCHEIT: Selbstverständlich, sofort. *Telefoniert*.

DEUTELMOSER: Ja, und nun zu Ihnen.

SÖLL: Guten Tag, mein Name ist Joe Canaris, ich bin Humorist. Bin ich hier richtig, ich komme wegen meiner Steuererklärung.

DEUTELMOSER: Sie san also a Humorist. Ja, des kommt jetz drauf an, sin Sie mehr ein Witz*her*steller, also Witzproduzent, oder vertreiben Sie die Witze nur, indem Sie s' erzählen, also *Re*produzent quasi.

SÖLL: Ja, eigentlich mehr beides.

DEUTELMOSER: Soso, mhm, des is dann natürlich... da ghören S' eigentlich... ah, zeigen S' amal Ihre Unterlagen.

Söll überreicht aus seinem Aktenkoffer einen Ordner. Deutelmoser studiert die Unterlagen.

DEUTELMOSER: Nehmen S' doch derweil Platz, Herr, äh, Söll...

SÖLL: Wissen Sie, ich arbeite praktisch sozusagen mehrgleisig, das heißt, ich stelle meine Witze selbst her, oder besser gesagt, ich erfinde sie, und die guten Witze bringe ich anschließend zum Vortrag.

DEUTELMOSER: *lesend* Ja, Sie haben hier unter Werbungskosten, haben Sie einen grauen Straßenanzug als Berufskleidung angeführt. Zum Witzeerzählen, nehm ich an. Wolln Sie damit also sagen, daß das Ihre Berufskleidung ist?

SÖLL: Selbstverständlich. Ich kann, wenn ich einen Witz erzähle, doch nicht als Kasperl auftreten.

DEUTELMOSER: Ja, aber sehen Sie, *das* wäre zum Beispiel für uns bedeutend einfacher, da hätten mir dann eine eindeutige Abgrenzung. Während so, bei am Straßenanzug, is des natürlich schwierig, weil die Abgrenzungsmöglichkeit des berufsbedingten Aufwands ist ja hier nicht gewährleistet.

SÖLL: Aber, ich brauch ihn doch auf der Bühne, soll ich in Unterhosen auftreten?

DEUTELMOSER: Unbestritten, Sie können ihn aber auch daheim anziehen, des können wir doch nicht überprüfen. Ja, leider, des is keine steuerwirksame Maßnahme, so was wird als zumutbare Privatbelastung deklariert, zumal, in Ihrer Branche werden ja häufig Witze schwarz nebenher fabriziert. *Streicht den Anzug. Liest wieder.* Mhm, Sie sagen also, Sie haben letztes Jahr vier Witze hergestellt.

SÖLL: Ja, es wird ja auch immer schwieriger mit der Konjunktur. Und heuer schaut's noch schlechter aus. Das Produktionsvolumen ist weiterhin rückläufig.

DEUTELMOSER: Ja, es tut mir leid, mir können Ihnen nur aufgrund Ihrer Witzproduktion vom letzten Jahr den Kostenfestsetzungsbescheid berechnen. Wenn jetzt Ihre Produktion stagniert, dann müssen Sie bei der Rechtsbehelfsstelle form- und fristgerecht Erinnerung erheben, des geht mich nachert nix an. Sie können natürlich aber auch einen Steuervorauszahlungsherabsetzungsänderungsantrag einreichen, dafür bin ich dann wieder zuständig. Die Formulare dazu kriegen S' in Zimmer 37 A.

WAGUSCHEIT: *am Telefon* Ja, da nehmen S' a ganz normale Blumentopferde.

DEUTELMOSER: Sie führen hier auf, am 17. 8. haben Sie in der Stadthalle Möhl, haben Sie ein Wiener Schnitzel mit geschmischtem Salat und sieben Bier und vorher eine Grießnockerlsuppe konsumiert. Das rechnen Sie hier zu den Herstellungskosten. Also, wenn's überhaupt steuerlich relevant sein soll, sind das doch bestenfalls Vertriebskosten, Kosten beim Witzvollzug quasi.

SÖLL: Nein, nein. Erstens muß ich ja, um in die richtige Stimmung zu kommen, etwas Adäquates zu mir nehmen, und außerdem habe ich ja schon damals zugleich an meinem anderen, neuen Witz gearbeitet.

DEUTELMOSER: Übrigens, sieben Bier is schon allerhand. Sie werden mir doch nicht erzählen, daß Sie die sieben Bier nur und ausschließlich dienstlich getrunken haben. War da keins privat dabei? Mal ganz ehrlich?

SÖLL: Nein. Nein. Nein! Na ja, vielleicht am Schluß eins oder allerhöchstens zwei.

DEUTELMOSER: Na also dann, des gehört doch abgegrenzt. Des is a Schlamperei, des geht doch net.

SÖLL: Mein Problem ist doch: Die Herstellung von Witzen beruht oft zum Teil in der Herstellung von Privatatmosphäre, aus der man dann schöpfen kann.

DEUTELMOSER: Ja, aber guter Mann, wie soll ich denn das dann hier abgrenzen? Des sind dann halt zumutbare Eigenbelastungen. Es tut mir leid. Außerdem, wissen Sie, a Wiener Schnitzel und a Grießnockerlsuppn, das ist keine Verpflegungsmehraufwendung mehr, das is eine Prasserei. Eine Verpflegungsmehraufwendung, das wär, wenn ma, sagn mir mal, noch a Tasse Kaffee zu sich nimmt, sowohl bei der Herstellung wie auch im Vertrieb. *Streicht Schnitzel und anderes.* Ah, noch a Frage, weil Sie haben doch da an Kombi aufgführt, ich mein, Ihre Witz ham Sie doch zum Teil im Kopf oder auf an Papierl? Wieso brauchen Sie da an Kombi?

SÖLL: Ja, äh, zum Transport von Kollegen zum Beispiel, Zauberer, Showmaster und so . . .

DEUTELMOSER: Ja, die sind berufsfremd, des hat damit nix zum Tun. Ich mein, was anders is a ganz normale Fahrt zum Arbeitsplatz, also vom Wohnort zum Ort der Herstellung des Witzes und von da bis zu dem Platz, wo Sie den Witz an den Mann bringen. Und zurück natürlich.

WAGUSCHEIT: Ah, Herr Deutelmoser, ich wollt Ihnen nur sagen, ich geh jetzt.

DEUTELMOSER: Jaja, is scho recht.

WAGUSCHEIT: Der Herr Smrch, hat's gheißen, is scho auf'm Weg zu Ihnen.

DEUTELMOSER: Is scho recht.

WAGUSCHEIT: Also dann, ich geht jetzt.

DEUTELMOSER: Ja, is scho recht, gehnga S' nur.

WAGUSCHEIT: Was ich noch sagn wollt, an Bienenstich hab ich Ihnen hintern Vorhang gstellt, zwoa Stück, wie alleweil.

DEUTELMOSER: Ja, is scho recht, dankschön.

WAGUSCHEIT: Also dann, Wiederschaun, Herr Deutelmoser.

DEUTELMOSER: Ja, pfüat Eahna Gott. Also, wie gesagt, Anfahrtswege . . .

WAGUSCHEIT: Ah, was ich noch sagn wollt, Sie wissen schon noch, morgen wird's a bißl später. Kann sein, daß ich erst kurz vor Mittag komm.

DEUTELMOSER: Jajaja. Is scho recht.

WAGUSCHEIT: Weil ich doch da mein Zahnarzttermin hab.

DEUTELMOSER: Ja, is scho recht.

WAGUSCHEIT: Es is einfach net anders gangen.

DEUTELMOSER: Is scho recht.

WAGUSCHEIT: Also dann, Wiederschaun.

DEUTELMOSER: Ja, Wiederschaun.

SÖLL: Wiedersehn.

WAGUSCHEIT: Wiedersehn.

DEUTELMOSER: Ja, Wiederschaun. *Fräulein Waguscheit geht.* Also, mach mir weiter. Sie führen hier also auf – *liest* – Spenden zugunsten und Förderung eines unbekannten Künstlers. Aber, sagen S' amal, Joe Canaris, des san doch Sie selber.

SÖLL: Mein bürgerlicher Name ist Manfred Söll.

DEUTELMOSER: Aber vorhin haben S' doch selbst gsagt, Joe Canaris.

SÖLL: Ja, schon, aber nur in meiner Eigenschaft als Humorist, als Privatperson heiß ich Manfred Söll, und als Manfred Söll kann ich doch den Künstler Joe Canaris fördern.

DEUTELMOSER: Geh, machn S' Eahna doch net lächerlich, spenden S' lieber ans Rote Kreuz. *Streicht Spende.* Jetzt würd mich amal interessieren, wie sind Ihre reinen Herstellungskosten eines Ihrer Witze? Nur dann können wir die Abschreibungsmöglichkeiten gemäß in Erwägung ziehen.

SÖLL: Ich hab bisher immer digital abgeschrieben.

DEUTELMOSER: Sie Witzbold, des kommt doch für Sie überhaupt nicht in Frage. Sie sind doch quasi, auch wenn Sie jetzt Witzehersteller sind, ein Unternehmer. Oder geben Sie Witze bisweilen in Auftrag?

SÖLL: Nein, nein, ich erfinde sie alle selbst.

DEUTELMOSER: Dann können Sie doch nicht als Unternehmer gelten, sondern doch höchstens als freier Verfasser von Scherzen und so weiter, Sie san ja koa Wirtschaftsunternehmen von Rang. Sie fallen doch in eine ganze andere Proportionalzone. Der Kombi is ja eigentlich scho zviel, aber, Schwamm drüber, laß mir 'n passiern, ausnahmsweise. *Wenn* einer Ihrer Witze mal zur Geltung kommt, das heißt, sich durchsetzt, dann kommt natürlich nur eine degressive Abschreibung in Frage. Wenn dieser Witz sich natürlich schnell verbraucht, daß es sich sozusagen nicht gelohnt hat, dann machen mir eine progressive Abschreibung.

SÖLL: Nein, linear.

DEUTELMOSER: Nein, progressiv, reden S' net ständig. A progressive Abschreibung. Wenn der Witz einigermaßen ankommt, würd ich vorschlagen, schreiben mir 'n linear ab. Also digital kommt für Sie überhaupt nicht in Frage. Jetz no was: Sie sagen, Sie arbeiten kontinuierlich als Humorist und verstehn sich als das.

SÖLL: Selbstverständlich. Nur Humorist. Nur.

DEUTELMOSER: Also, Grenzbereiche kommen nicht in Frage? So Conferencen ...

SÖLL: Ja, schon, manchmal.

DEUTELMOSER: ... oder daß sie mal bloß Bonmots machen oder Kalauer oder irgend so was? Des fällt natürlich abschreibungsmäßig untern Tisch, weil der Erstellungsaufwand ja praktisch null is, andererseits die Rendite beträchtlich sein kann.

Herr Smrch, der Hausbote, kommt mit einer Akte.

SMRCH: Sie haben mich rufen lassen.

DEUTELMOSER: Ja, wegen der Akte Reitmoser-Schwöpf, ham S' es jetz gfunden?

SMRCH: Die nicht, aber dafür ist die Akte Dillinger wieder aufgetaucht.

DEUTELMOSER: Dillinger, Dillinger, da weiß ich ja gar nix davon, daß die weg war.

SMRCH: Das ist ja auch schon vier Montate her, daß sie verschollen ist.

DEUTELMOSER: Ah, jaja, jetzt glaub ich, kann ich mich erinnern. Geben S' es her. Und den Reitmoser-Schwöpf suchen S' weiter. Bis S' 'n haben, verstanden?!

SMRCH: Selbstverständlich. *Es rattert, er will gehen.*

DEUTELMOSER: Hahaha, so ein Witz, jetzt geht er wieder.

SMRCH: Bitte wer?

DEUTELMOSER: Der Computer. Is des net komisch?

SMRCH: Was?

DEUTELMOSER: Daß er wieder geht?

SMRCH: Ja, ich geh jetzt auch. Wiedersehn. *Geht.*

DEUTELMOSER: Ja, Wiederschaun. Also, wo warn mir . . . ah, wissen S' was, ich rat Ihnen, nehmen S' die Werbungskostenpauschale in Anspruch, weil wenn mir Ihr Witzgut auf Herz und Nieren überprüfen, dann bleibt, glaub ich, nimmer viel übrig. Wenn mir genau werdn müssen, dann haben Sie nix mehr zum Lachen. *Streicht alles, sieht nochmals in den Antrag.* Ah, Moment amal. Also, des hier sind – *zeigt auf Summe* – Ihre gesamten Realeinkünfte vom vorigen Jahr?

SÖLL: Ja, warum?

DEUTELMOSER: Ja, dann brauchen mir ja gar nimmer weiterrechnen, da sind Sie ja unter dem Existenzminimum. Ja, sagen S' amal, wovon leben denn Sie überhaupt?

SÖLL: Wie bitte?

DEUTELMOSER: Wolln Sie an Witz mit mir machen? Da, nehmen S' Ihre Sachen mit, und kommen S' wieder, wenn S' amal was verdienen sollten. Wiederschaun.

Deutelmoser wendet sich der Akte Dillinger zu, Söll verstaut verständnislos seine Steuererklärung.

Vertretertraining

Herr Rösner, Herr Gropper, Trainer Heßler sowie weitere Trainingsaspiranten sitzen vor einem Videomonitor. Im Hintergrund ist eine Trainingseingangstür mit Glocke und Namensschild aufgebaut. Im Monitor sieht man Herrn Gropper, wie er auf die Trainingstür zugeht und klingelt.

HESSLER: Ja, sehr gut, Blick auf die Uhr, Frisur, Anzug richten, klingeln – uund – geradestehn, sehr gut, Herr Gropper, richtiger Abstand zum Spion, keine private Geste mehr. – Und Hundegebell, halber Schritt zurück, nicht zu hastig, aber entschlossen . . . Ja, richtig . . . Kunde öffnet, Mappe in der rechten Hand, Visitenkarte parat, einwandfrei, Vergewisserungsblick nach dem Hund, Mappe umgreifen, zum Handschlaggruß, ohne Scheu, aber unaufdringlich Vorstellung, und somit wäre der Erstkontakt hergestellt. Sehr gut, Herr Gropper, praktisch fehlerfrei . . . *Band aus.*

GROPPER: Visitnkartn hab i a wenig schlampert ghaltn, aber des hat ma, glaub i, net so gsehn.

HESSLER: Nein, nein, wirklich, sehr gekonnt, als nächster Schritt käme nun das Einführungsgespräch in der Wohnung, mit den sogenannten »W«-Fragen: Warum, wann, wie, was und so weiter, aber das kommt später, ich schlage vor, neues Erstkontakttraining. Herr Rösner an der Tür, und Herr Gropper macht jetzt den Kunden.

RÖSNER: Mit oder ohne Hund?

HESSLER: Lassen Sie sich doch überraschen, vor Ort wissen Sie ja auch nicht, ob mit oder ohne Hund. *Devotes Gelächter.* Also, bitte auf Position.

Gropper geht hinter die Trainingstür, Rösner nimmt die Mappe und geht los.

Halt, Herr Rösner, erst auf mein Zeichen. Band läuft. Bitte . . .

Rösner geht auf die Trainingstür zu und klingelt.

Nein! Halt! Stopp! Um Gottes willen. Mehr Entschlußkraft im Gang, und alle privaten Gesten vorweg erledigen!

RÖSNER: Aber . . .

HESSLER: Sie gehn doch nicht auf die Toilette, sondern zum Kunden! *Devotes Gruppengelächter.*

RÖSNER: Aber, ich . . .

HESSLER: Kein Aber, zurück das Ganze, noch mal von vorn. Und bitte!

Rösner geht auf die Tür zu und klingelt.

HESSLER: Halt, nein, stopp!

RÖSNER: Wieso?

HESSLER: Mappe!

RÖSNER: Ja?

HESSLER: Sie haben die Mappe in der falschen Hand.

RÖSNER: Ääh?

GROPPER: Mappe muß in der rechten Hand sei.

HESSLER: Wenn der Kunde die Tür öffnet, müssen Sie die Mappe noch in der rechten Hand halten. Dann erst greifen Sie um, um dem Kunden spontan die rechte Hand geben zu können. Das suggeriert spontane Herzlichkeit.

GROPPER: Im Spion hab in fei aa net gsehn.

HESSLER: Das obendrein, Moment. *Geht zum Spion und dirigiert von da aus Rösner.* Etwas mehr nach links, halt, und einen halben Schritt zurück, zuviel, so. Das ist die Position. Merke: Dreiundvierzig Prozent aller Kunden öffnen nur nach

Spionkontrollblick die Tür. Also zurück, das Ganze noch mal!

Rösner geht auf die Tür zu, klingelt.

Und Spionposition, ja. *Drückt Tonband, fröhliches Hundegebell. Rösner weicht zwei Schritte zurück. Heßler schaltet das Tonband aus.* Nein! Halt, stopp! Nicht so hastig, Herr Rösner, der Russe is noch net im Land. *Devotes Gelächter.* Überhaupts, warum weichen Sie denn zurück?

RÖSNER: Ja, Hundegebell ...

HESSLER: Das is doch hier kein scharfer Schäferhund, sondern a freundlicher Dackl. Da weicht ma doch net zurück, da sagt man: »Ja, wo is er denn« oder so was Ähnliches, dann geht die Tür von selber auf. Ich hab's heut doch schon ein paarmal gesagt, also merken wir uns, meine Herren: Über die Tierliebe zum Entree.

GROPPER: Sie, Herr Heßler, er hat fei aa d' Fiaß no net abgstreift!

HESSLER: Jaja, is scho recht, des auch noch, ham S' des gehört, Herr Dings, ah, Herr Rösner, Schuh abstreifen für die Hausfrau, vor allem bei Sichtkontakt! Also, glei no mal. Zurück ...

Rösner geht auf die Tür zu, klingelt, streift Füße ab, richtiger Spionabstand ... ein Schritt zurück, dreht sich um.

RÖSNER: Wo ist der Hund?

HESSLER: Welcher Hund?

RÖSNER: Ja, jetzt käme doch der Hund ...

HESSLER: Ja, Herr Rösner, das müssen Sie doch bitte dem Hund überlassen, ob er da is oder net ... *Devotes Gelächter.* Ich zum Beispiel hab a Schildkrötn daheim bei mir zu Haus. *Wieder Gelächter.* Da können S' lang warten, bis bei mir daheim was bellt. *Noch mal Gelächter.* Also, auf ein neues, Anmarsch und so weiter klappt ja schon einigermaßen, tun S' gleich anläutn, Herr Rösner. Bei wem klingeln S' denn überhaupt?

RÖSNER: Weiß nicht ...

HESSLER: Ja, des is doch des mindeste, da schaut ma doch nach, am End landn S' bei Eahna selber dahoam und gspannen S' gar net. *Brüllendes Gelächter.*

RÖSNER: *schaut* Ah ja ...

HESSLER: Ja, genau, da sehn S' es, und jetz klingeln S'.

Rösner läutet zaghaft.

GROPPER: Des Klingeln hätt i jetzt fei net ghört. I hätt ja fernsehn können oder a Bad nehmen.

HESSLER: Oder a Damenbesuch is grad in Aktion. *Devotes Gelächter.* Ham S' as ghört, Herr Rösner, bestimmt anläuten. Also, bitte ...

RÖSNER: So? *Läutet kräftig.*

HESSLER: Jessas, naa, nein! Sie san doch net von der Feuerwehr. *Gelächter.* Schaun Sie, wir läuten an, bestimmt, aber nicht aufdringlich. *Geht zur Klingel.* Schaun S' her, so. *Läutet.*

Rösner geht auf die Tür zu, läutet, Heßler fährt Hundegebell ab, diesmal aggressiver Schäferhund.

RÖSNER: Ja, wo is er denn ...

HESSLER: *Band aus.* Halt, stopp! Sie san wohl lebensmüde! *Gelächter.* Des is doch a scharfe deutsche Dogge. Hörn Sie des net? Mann, die wenn Sie anfällt, na san Sie Hackfleisch! *Gelächter.* Bei so am Hund in jedem Fall zurückweichen, Mappe in Hab-Acht-Stellung und die Kommandos vom Herrchen hinter der Tür abwarten, also, bis der halt »Pfui, Platz« sagt oder so was.

GROPPER: Er muß wartn, bis ich pfui sag!

HESSLER: Jaja, schon recht, Herr Gropper, des hab i ja scho grad gsagt, aber wenn die Tür aufgeht, muß er sich scho die eventuellen Liebkosungen vom Haustier gefallen lassen, denn, wie gesagt, über die Tierliebe zum Entree.

RÖSNER: Ja, aber was ist, wenn der Hund beißt?

HESSLER: Ja mei, des is Ihr Berufsrisiko. *Devotes Gelächter.*

Rösner läutet, Gropper öffnet.

HESSLER: Und Mappe umgreifen, jaa, Hand reichen und Begrüßungsformel ...

Gropper reicht die linke Hand, Rösner greift daneben.

RÖSNER: Ja, aber so?

GROPPER: Mei, vielleicht bin i a Linkshänder ...

HESSLER: Geh, reden S' koan Unsinn, mir trainieren hier den Normalfall. Erschwerende Sonderfälle machma übermorgen, also, geben S' gefälligst die rechte Hand, Herr Gropper. Also, zurück und noch mal.

Rösner läutet, Gropper öffnet.

Umgreifen, ja, Händedruck mittelkräftig, herzlich, und ungefähr jetz die Mappe abstelln. A ganz a wichtige Station, damit Se sich etablieren. Naa, halt, net hinter Eahna. Wenn Sie ein Schritt zurückweichen müssen, gesetzt den Fall, der Hund kimmt doch noch, na stolpern S'. Sie wolln doch a Invalidität verkaufn und net in Anspruch nehmen. *Gelächter.*

Gropper öffnet, Händedruck, Hundegebell, Rösner einen Schritt zurück in Hab-Acht-Stellung.

GROPPER: Pfui! Platz!

RÖSNER: Ja, wo is er denn?

HESSLER: Halt! Stopp!

RÖSNER: Wieso, was war denn jetzt schon wieder verkehrt?

HESSLER: Im Prinzip gar nix, aber mir machen jetz dreißig Minuten Mittag, und nach dem Mittagessen machen wir weiter mit dem zweiten Teil unseres heutigen Trainingsprogramms: Vom Entree zum Verkaufsabschluß. Mahlzeit, meine Herren . . .

Alle antworten »Mahlzeit« und stehen auf.

Beim Titelhändler

Mike Lentitsch sitzt im feudalen Büro der »Renaissance-Kontor GmbH & Co. KG«. Ihm gegenüber sitzen Zenta und Alois Bauch, Kundschaft. Im Hintergrund sinnlost Herr von Segnitz, eine Art Hausmöbel, herum. Der Herzog von Anzing-Meinungen steht erbost vor Lentitsch.

ANZING-MEINUNGEN: In der großen Pause, ich stehe am Buffet, neben mir Baron Finck, kommt dieser Kretin auf mich zu, schüttelt mir die Hand und sagt: Grüß dich, Papi, oder so ähnlich. Ich dachte zuerst, ein schlechter Scherz, da sagt er, er hat diese Enterbungsvertragsklausel schon unterschrieben, aber er wäre jetzt mein Sohn. Die Peinlichkeit dieser Situation brauche ich Ihnen wohl nicht näher zu schildern. Also, Herr Dr. Lentitsch, ich muß darauf bestehen, daß in Zukunft ein für allemal vertraglich gewährleistet ist, daß diese primitiven Parvenus, die meinen Namen käuflich erwerben, daß die mir wenigstens von der Pelle bleiben.

LENTITSCH: Also, Exzellenz, ich steh vor einem Rätsel, wie so was passieren kann. Die Diskretionsklausel müssen alle unterschreiben. A jeder. Andererseits, bitte, Exzellenz, so was kimmt halt amal vor. Der Mann, wie er's notarisch ghabt hat, daß er Herzog is, der is fast in d' Luft ganga vor Freud, und unter uns gsagt, Exzellenz, die 700 000 Mark, die der Mann bar auf den Tisch blättert hat, die ham Eahna doch aa wieder a bißl frisch gmacht, oder?

ANZING-MEINUNGEN: Na ja, schon, aber ich will diese Kretinos nicht mehr vor der Nase haben.

LENTITSCH: Sie, i hab scho wieder an Anwärter, Exzellenz, der hat a Porenbetonwerk in Anzing, der is ganz hoaß auf den Nama Anzing-Meinungen.

ANZING-MEINUNGEN: Diesmal aber bitte mehr Diskretion, sonst war das Ihre letzte Adoptionsvermittlung, ich habe bereits Angebote von Konsul Wyler.

LENTITSCH: Der nimmt aber dreißig Prozent, Exzellenz.

ANZING-MEINUNGEN: *wieder freundlicher* Na ja, Sie kennen meine Ansichten: Kretin bleibt Kretin, also, guten Tag. – Gnä' Frau . . .

ZENTA BAUCH: Wiederschaugn, Exzellenz.

ALOIS BAUCH: Ja, Wiederschaugn, Herr, ah . . .

LENTITSCH: Exzellenz, Sie hören dann von mir . . .

ZENTA BAUCH: Sie, wer war jetz des genau, wenn ma fragn derf?

LENTITSCH: Des war seine Exzellenz, der Herzog von Anzing-Meinungen, aus direkter Linie . . .

ZENTA BAUCH: Ah geh, a echter Herzog?

LENTITSCH: Ein Nebenzweig der Mount-Buttons – Coburg, Sie verstehn . . .

ZENTA BAUCH: Ah so, Coburg . . .

LENTITSCH: Ja, Frau Bauch, ah, Herr Bauch, jetz wieder zu Ihnen, Frau Bauch, ah, was ham Sie sich denn so ungefähr vorgstellt?

ZENTA BAUCH: Mei, i hab schon mit unserm Steuerberater gredt, und der hat gmeint, a neue Filiale eröffnen bei der derzeitigen Konjunktur wär Wahnsinn, andererseits brauchen mir a Verlustzuweisung, und na bin ich auf die Idee kommen, zum Fünfzigsten, daß i am Alisi, also meim Mann . . .

LENTITSCH: Die Fleischereiladenkette Bauch?

ALOIS BAUCH: Ja, des samma mir . . .

ZENTA BAUCH: Ja, genau, und drum hab i mir denkt, daß mir fürn Alisi zum Jubiläumsgeburtstag, mein Mann wird fünfzig, an passenden Nama raussuachn, mit am Titel natürlich.

LENTITSCH: Dachten gnä' Frau an einen akademischen Grad? Dr. h.c. oder so was?

ALOIS BAUCH: Mei, warum net...

ZENTA BAUCH: Naa, scho was Adeligs. Also, unser Steuerberater hat auch gmeint, finanziell is es zwar a gewisse Belastung, aber gesellschaftlich haut's an Alisi doch gewaltig nach vorn, und unser ganze Familie dann auch, der Titel geht doch auf mi aa über?

LENTITSCH: Selbstverständlich, Frau Bauch. Auch wega dem Finanziellen, is des gar net so gsagt, weil, wenn ma amal deutsch redn wolln, der Name, so a Name, der läßt sich auch durchaus in pekuniärer Hinsicht... *Er reibt Daumen und Zeigefinger.* Sie verstehn.

ALOIS BAUCH: Aber Metzgerei Bauch is a eingeführter Name...

ZENTA BAUCH: Geh, sei stad. Ja, des is noch der andere Aspekt bei der Sache: Weil unser Sohn...

ALOIS BAUCH: ...der Bertram...

ZENTA BAUCH: ...unser Sohn Bertram möchte an Autozubehörhandel aufmacha...

ALOIS BAUCH: ...mit Selbstbedienung...

ZENTA BAUCH: Und da kanntn mir dann doch gleich den Namen auch schon...

LENTITSCH: Selbstverständlich, Frau Bauch. Ah, Herr von Segnitz, geh, san S' so nett, bringen S' uns doch amal den Ordner mit de Dankschreibn und de aktuelle Namenstransferliste.

V. SEGNITZ: Namenkategorie A oder B?

LENTITSCH: Bringen S' doch amal beide. *Herr v. Segnitz ab.* Da, des is unser Herr von Segnitz, der stünde auch zur Disposition. Allerdings a einfacher Freiherr, Bagatell-Adel quasi, 53 000 Mark, unser preiswertestes Angebot. Der Herr von Segnitz steht net amal in der Liste...

ALOIS BAUCH: Von-Segnitz-Autozubehör, ja, guat, warum net.

ZENTA BAUCH: Ah geh, naa, scho was Gscheits, a Graf, oder, ah, was hättn der Herzog da vorhin kost?

LENTITSCH: Ja, gnä' Frau, da werd's a bißl happig. Der Anzing-Meinungen is, wie gsagt, verwandt mit Mount-Button, und sei Stammbaum geht abi bis 1430, Türkenkriege, a imposante Person, Sie ham ihn ja grad selber erleben dürfn . . .

ZENTA BAUCH: Ja, der waar schon was, aber was dad jetz der kostn, nennen S' mir doch amal an Preis.

Lentitsch schreibt eine Zahl und reicht den Zettel.

700 000 Mark!

ALOIS BAUCH: Des is koa Drecklackn . . .

ZENTA BAUCH: Ah geh. Ja, 700 000 . . .

LENTITSCH: Nein, nein, das bekommt der Herzog. Vermittlungsgebühren, Notar, Mehrwertsteuer und so weiter gehen extra. Für Sie käme der Herzog dann im Endeffekt auf rund eine Million brutto. Des is allerdings auch eines unserer Spitzenangebote . . .

ZENTA BAUCH: Ja, des is schon viel, ah, was ham S' jetz da noch so an Namen . . .

V. SEGNITZ: *erscheint mit 3 Aktenordnern* So, bitte. Ah, Herr Dr. Lentitsch, i hab de Woch no koane Essensmarken kriagt.

LENTITSCH: Ach so, ja, heut is ja Montag, 'tschuldigen S', Herr von Segnitz. Da – guten Appetit. *Gibt v. Segnitz die Essensmarken.* Gehngan S' ruhig derweil zum Essen, Herr von Segnitz, gell, Mahlzeit . . .

V. SEGNITZ: Mahlzeit.

ZENTA BAUCH: Mahlzeit.

ALOIS BAUCH: An guatn . . . *Segnitz ab.* Der waar doch gar net so schlecht . . .

ZENTA BAUCH: Ah geh, Freiherr, a »von«, a einfacher »von«, »von« gibt's wie Sand am Meer. Nanaa, Herr Doktor, scho was Gscheits, also Baron mindestens, oder Graf oder so. Bis 350 000 Mark, hat unser Steuerberater gsagt.

LENTITSCH: Ja, des is a schwierige Preisklasse, weil mir ham welche da so bis 200 000, halt so Barone und so, während die Grafen meistens erst bei 400 000 angehn. Es gibt a paar Ausnahmen, i derf's amal zeign: Da, zum Beispiel hier, der Marquis du Bois, 300 000 Mark.

ALOIS BAUCH: Düboa-Autozubehör, ja der waar's doch . . .

ZENTA BAUCH: Ah geh, naa, koan Ausländer.

LENTITSCH: Gnä' Frau, Adel is international.

ZENTA BAUCH: Naa, scho was Verständlicheres.

LENTITSCH: *blättert* Ja, dann kommt eigentlich in dieser Preiskategorie für Sie nur noch . . . da, hier: Graf Tellheim, 360 000 Mark, oder hier: Bodo von Wetterstein, auch a Graf, Wetterstein, der waar 40 000 billiger.

ALOIS BAUCH: Ja, der is guat, den nehmma. Wetterstein-Autozubehör, des is guat.

ZENTA BAUCH: Ah geh. Ah, Herr Doktor, ja, was is 'n nachert der Unterschied, daß der so vui billiger is?

LENTITSCH: Die Wettersteins san mehr a böhmischer Adel, Sie verstehn . . .

ZENTA BAUCH: Ah so, ja, na nehmma lieber den Tellheim.

LENTITSCH: Is a guter Name, a sehr guter Name. Alteingeführter Adel, da können Se sich überall damit sehn lassen. Also, Frau Bauch, i dad sagn, Adoption, Enterbung und Diskretionsklausel setzen mir derweil auf, und dann gehngan mir zum Notar. Herr Bauch, ich gratuliere.

ALOIS BAUCH: Ja mei, dankschön . . .

LENTITSCH: Ach ja, a kleine Anzahlung, wenn Sie übrigens noch . . .

ZENTA BAUCH: Alisi, zahln . . .

ALOIS BAUCH: *zieht Brieftasche* Glanga 40 000 derweil?

LENTITSCH: Selbstverständlich.

ALOIS BAUCH: *beim Geldblättern* So. Ja, Graf-Tellheim-Autozubehör, aa net schlecht.

Frau Brezner

Ein kleines Werkstattbüro. Frau Meisinger und Herr Fröhlich sitzen an zwei Schreibtischen. Meisinger tippt Schreibmaschine, Fröhlich bedient gerade einen Kunden.

KUNDE: Aber der Wagen für Dr. Zimmermann sollte doch schon gestern spätestens fertig werden. Das lasse ich mir nicht bieten.

FRÖHLICH: Da, nehmen S' Eahnane Autoschlüssel, und da, da ham S' de Papiere, und na schaugn S', daß S' weiterkommen. Bei uns geht alles der Reihe nach, gell, des müssen S' Eahna merkn. Gell. Da geht's naus.

Ein Telefon klingelt.

KUNDE: So eine Unverschämtheit. *Geht, knallt die Tür zu.*

FRÖHLICH: Ham Sie dahoam Vorhäng vor der Tür?! Unverschämtheit. – Ah, Fräun Meisinger, gehngan Sie hin. *Deutet auf Telefon, beugt sich über einen Ordner mit Rechnungen.* Herrgott naa, der Tag geht scho guat o . . .

MEISINGER: *hebt ab.* Mittermeier und Fröhlich, grüß Gott. Ah, grüß Sie Gott, Herr Zapf, ja, Herr Zapf – der gelbe Audi, Herr Zapf? – Moment, ich frag mal, Herr Zapf. *Fröhlich winkt energisch ab.* Hallo, Herr Zapf, grad eben erfahr ich, noch nicht ganz, Herr Zapf, wenn S' vielleicht morgen noch mal anrufen, Herr Zapf. Sicher, Herr Zapf, mir tun unser Bestes, Herr Zapf, gut – ja – Herr Zapf. Wiederschaun, Herr Zapf. *Hängt ein.* Der Herr Zapf war's.

FRÖHLICH: *winkt ab* Ach Fräulein Meisinger, machen S' mir doch bittschön a Taß Kaffee. Herrgott is des wieder ein Tag.

Meisinger geht, das Telefon läutet, Fröhlich hebt ab.

Mittermeier und Fröhlich. Ja, die Frau Brezner. – Ja, selbstverständlich, Frau Brezner. – Natürlich, Frau Brezner. Genau, Frau Brezner, also, von unserer Seite ist alles getan, Frau Brezner. Ja, ich weiß, Frau Brezner, Ihre Reifen, Sie benötigen sie. Jawohl, Frau Brezner, also unsererseits, wir haben alles Menschenmögliche unternommen, Frau Brezner. Ja, es könnte vielleicht, ein kleiner Unsicherheitsfaktor – ja, Frau Brezner, wenn Sie vielleicht morgen noch mal – jawohl, Frau Brezner, wir haben alles veranlaßt. Gut, bis morgen, Frau Brezner, Sie rufen an, Frau Brezner. Ja, zu neunundneunzig Prozent sicher, gut, also. Wiederhörn, Frau Brezner.

Meisinger kommt mit dem Kaffee.

Sie, Fräun Meisinger, da hat grad eine Frau Brezner angerufen, wegan eahnane Roafn, was is 'n da los?

MEISINGER: Aber, Chef, die Reifen ham S' no gar net bstellt.

FRÖHLICH: Was, de san no gar net bstellt? Ja, na bstelln Se s' aber glei morgn!

MEISINGER: Aber, Chef, morgen, da fahr ich doch in Urlaub.

FRÖHLICH: Was, in Urlaub? Aber na bstelln Se s' glei nach am Urlaub!

Der Maßanzug

Anselm, Frederike und Sohn Heinz-Rüdiger Wolf in einem großen Bekleidungshaus. Ein Verkäufer steht herum. Heinz-Rüdiger kommt aus der Umkleidekabine.

VERKÄUFER: Na, der paßt aber wirklich wie angegossen. Fabelhaft.

FREDERIKE: Heinz-Rüdiger, drah di um! Ja, des is der für wieviel?

VERKÄUFER: Dreihundertneunundneunzig Mark, gnä' Frau.

FREDERIKE: Und, Anselm? Was moanst?

ANSELM: Vierhundert Mark, ganz schön happig.

VERKÄUFER: Nein, dreihundertneunundneunzig Mark.

ANSELM: Sag i ja, vierhundert Mark. *Zu Frederike* Vierhundert Mark.

FREDERIKE: Ja, Sie, un' wenn mir jetzt eine Nummer größer nehmen, machad des preislich an Unterschied, wieviel tat der dann kosten?

VERKÄUFER: Dreihundertneunundneunzig Mark, gnä' Frau.

FREDERIKE: Also, praktisch dasselbe.

VERKÄUFER: Ja, dasselbe.

ANSELM: Sie, und zwoa Nummern größer, dieser Anzug da? Waar des dann immer noch ... preislich, verstehen Sie.

VERKÄUFER: Muß ich mal sehen, ob wir ihn zwei Nummern größer auf Lager haben. *Sucht.* – Ja, wir ham ihn nur drei Nummern größer.

FREDERIKE: Ja, der würde dann aber auch nur dreihundertneunundneunzig Mark kosten, also praktisch desselbe wie der da.

VERKÄUFER: Ja, dasselbe.

ANSELM: Dann dean S' 'n her.

VERKÄUFER: Aber dieser Anzug paßt dem jungen Herrn doch hervorragend.

ANSELM: Dean S' 'n her!

VERKÄUFER: Aber drei Nummern größer ist doch dann viel zu groß.

ANSELM: Dean S' 'n her, sag i!

VERKÄUFER: Drei Nummern größer, da schwimmt ja der junge Mann drin.

FREDERIKE: Dann bringen S' 'n halt nur eine Nummer größer.

ANSELM: Naa, zwoa mindestens.

VERKÄUFER: Also, ich bin nach wie vor der Ansicht, daß dieser Anzug optimal sitzt, aber bitte, wie Sie wünschen. *Er holt den Anzug drei Nummern größer.*

FREDERIKE: Heinz-Rüdiger, ziag derweil den Anzug scho wieder aus.

ANSELM: *leise zu Frederike* Der wui uns doch bloß reilegn, daß ma uns nächste Woch scho wieder an Anzug kaffa kenna.

FREDERIKE: Ja, aber drei Nummern is vielleicht doch scho a bisserl viel.

ANSELM: Sei stad!

VERKÄUFER: Schaun Sie sich doch das an. *Er hält den Anzug an den Buben hin.* Den brauchen wir doch gar nicht probieren.

ANSELM: Doch, genau, der, moan i, paßt.

FREDERIKE: Heinz-Rüdiger, anziehn!

VERKÄUFER: Das seh ich doch mit bloßem Auge, daß der Anzug viel zu groß is für Ihren Sohn.

FREDERIKE: Die wachsen doch wie die Spargel. Da wachst er ganz sicher scho nei, wissen S' – net daß ma nächste Woch scho wieder zu Eahna kommen, so dick hamma's dann aa wieder net.

ANSELM: *zeigt auf sein Sakko* Da schaun S' her, des is a Qualität. Des hab i seinerzeit, kurz nach'm Ungarnaufstand hab i den kauft, hat damals aa scho fast zweihundert Mark kost. Konn i heit no anziagn.

VERKÄUFER: Ja, aber Ihr Herr Sohn muß sich doch noch in diesem Anzug bewegen können. Man kann's mit der Sparsamkeit auch ein bißchen zu weit treiben, finden Sie nicht?

Heinz-Rüdiger kommt aus der Garderobe. Hände und Füße sind nicht zu sehen, Hängeschultern.

ANSELM: Ja, wunderbar da, der paßt doch. Sehn Sie's, i hab's doch gwußt.

VERKÄUFER: Aber der Herr, ich bitte Sie . . .

FREDERIKE: Naa, des geht durchaus, ich mein, da muß ma halt derweil a bisserl abstecken, und hinterher kann man's ja wieder rauslassen. Der wachst da scho nei. Ham S' da niemand da, der so was absteckt?

VERKÄUFER: Aber, ich bitte Sie, gnä' Frau, schaun Sie sich doch mal Ihren Sohn an, ist doch unmöglich, ist doch lächerlich.

ANSELM: Naa nix, mir nehma den oder goa koan.

FREDERIKE: I glaub aa, der wachst da scho nei. Ham S' denn niemand da, der des absteckn könnt?

VERKÄUFER: Selbstverständlich, gnä' Frau, sofort, wie Sie wollen. *Er geht zur Haussprechanlage.* Frau Miklosch bitte, Frau Miklsoch, bitte zu römisch vier.

FREDERIKE: Wissen S', so an Anzug, den kann er praktisch nur anziehn zu Taufen, Firmungen oder Beerdigungen, und wann hamma des scho, ich mein, den kann er ja so nie auftragn.

ANSELM: Schaun S', und er is jetzt grad in dem Alter, wo, äh, verstehn S', unser, äh, a Großteil unserer Verwandtschaft is jetzt in am Stadium, wo ma praktisch immer damit rechnen muß. Des kommt jetzt aller Voraussicht nach in den nächsten zwei, drei Jahren ois auf amoi auf uns zu.

VERKÄUFER: Glauben Sie wirklich, daß sich der Tod so präzise kalkulieren läßt?

FREDERIKE: Was glauben denn Sie, was mir Verwandtschaft ham. Meine Eltern warn sieben Gschwister. Alle aa wieder mit Kinder. Ich mein, bisher hat er ja im Pullover beerdigen können, aber jetzt halt, ich mein, jetzt is er allmählich aus'm Alter naus.

ANSELM: Oder irgend a Autounfall, und scho muaß er wieder naus auf'n Friedhof. Dann in Grafing mein ganzer Anhang. Des ko sei, daß der mit dem Anzug in de nächsten zwoa Jahr dreißigmal am Friedhof naus muaß.

FREDERIKE: Na ja, dreißigmal nicht, aber zehnmal langt aa scho.

ANSELM: Naa, zehnmal langt net. Des is alloa scho heuer die Tante Theres, beim Gusti is praktisch nur noch a Frage, wann s' de Herz-Lungen-Maschine abschalten, und dann der Herr von Segnitz, die Bea im Altersheim und der Albert. Alles alloa scho heuer.

FREDERIKE: Naa, der Albert stirbt heuer nimmer. Aber die Frau Wenger. Da steht's auf der Kippe.

ANSELM: Ja, aber selbst wenn er 'n Albert heuer nimmer beerdigt ...

FREDERIKE: Der Albert stirbt heuer nimmer, da geh ich jede Wette ein. Der stirbt heuer nimmer, weil der Albert is zach, da wett ich.

ANSELM: Selbst wenn er heuer nimmer stirbt, der ko sterben, wann er mag, aber er hat jetzt an Anzug.

Frau Miklosch erscheint.

VERKÄUFER: Frau Miklosch, können Sie diesem jungen Mann den Anzug abstecken?

MIKLOSCH: Aber Anzug viel zu groß für kleines Herr.

VERKÄUFER: Das is auch meine Meinung, aber die Herrschaften bestehen auf diesem Anzug.

Frau Miklosch beginnt abzustecken.

ANSELM: Mir können eahm doch net bei jeder Beerdigung glei an neuen Anzug kaufen.

FREDERIKE: Er is jetzt einfach aus dem Alter naus, wo er im Pullover beerdigt. Schaun Sie, im Schwimmbad muß er jetzt aa scho a Badhosen anziehn. Einen Kindkollegen aus seiner Klasse hams neulich zammgfahrn, na war er der einzige, der wo im Pullover beerdigt hat. Mir ham uns fei direkt geniern müssen, und diesmal wird eahm aa no kondoliert, weil er a nächster Verwandter is. Sei Patenonkel is – verstehn Sie. Ganz plötzlich . . .

VERKÄUFER: Ah ja, schrecklich.

ANSELM: Aus heiterm Himmel, am hellichten Vormittag. So schnell kann's gehen. – Äh, wo muß ich jetzt da zahln?

VERKÄUFER: Bezahlen können Sie vorne an der Kasse.

MIKLOSCH: Gucken Sie, herschaun, so?

FREDERIKE: Ja, die Schultern san no a wenig breit, aber so schaut er doch ganz ordentlich aus, findst net?

ANSELM: Ja, sehr guat.

FREDERIKE: Ham S' net a Fliege dazu?

ANSELM: Naa, nix, mir ham doch noch den Propeller vom Franz, den hat er geerbt, den hab i im Auto druntn.

VERKÄUFER: Also, Sie wärn damit einverstanden? Dann kann sich der junge Mann ja wieder umziehn. Wir ändern den Anzug, in einer knappen Woche können Sie beerdigen, soviel Sie wollen.

ANSELM: Naa, nix, den muß er glei anbehalten, sei Patenonkel, hab ich Ihnen doch erzählt, Herrschaft, san ma scho wieder spaat dro.

FREDERIKE: Heinz-Rüdiger, gib deine Sachen her. *Sie nimmt Heinz-Rüdigers Anziehsachen und stopft sie in ihre Handtasche.* Kimm, mir miaßn uns schickn.

VERKÄUFER: Ja, aber Sie wollen doch nicht so . . .

FREDERIKE: Wie lang ham S' 'n auf? Mir können den Anzug ja nach der Beerdigung dann glei wieder vorbeibringen.

ANSELM: Der muaß in zwei, drei Tag spätestens fertig sei, sonst stirbt uns der Gusti weg, und er hat koan Anzug.

FREDERIKE: Sie, noch a Frage, ist da net irgendwo a Blumengeschäft in der Nähe?

ANSELM: Naa, nix mehr, des machen mir am Friedhof. Jetzt kimm, mir san eh scho so spaat.

FREDERIKE: Heinz-Rüdiger, gehma.

HEINZ-RÜDIGER: *im Gehen* Aua!

ANSELM: Jetzt sei net so wehleidig!

FREDERIKE: Is doch nur a Provisorium, nach der Beerdigung kommen die Nadeln alle raus.

VERKÄUFER: Auf Wiedersehn, die Herrschaften.

Ein Amateur

Roland Stump nach seiner Festnahme.

Selbstverständlich hätt ich Milbertshofen auch nehma könna, technisch is des doch gar koa Problem. Net. I hab's euch doch bewiesen! I hab halt Milbertshofen nicht gnommen, weil da a Tante von mir wohnt. Net. Aber, ich hab ja auch genau und ausdrücklich gsagt, Pasing! Ich hab gsagt, ich spreng Pasing in d' Luft, wenn ich die zwei Millionen net präzise bis zum 7. 5. krieg, und es habts nicht bezahlt. Gell. Und ich hab auch nur Pasing gesprengt, ich hab also . . . es is . . . nichts anderes is mitgegangen. Laim und as Westkreuz und all des, da is gar nichts vorgekommen, net. Weil, i beherrsch ja des. Ich bin ja koa Amateur. – Und ich besteh drauf, daß i nauskomm nach Straubing, ich möcht nicht nach Stadelheim ins Gefängnis, sondern nach Straubing, hundert Kilometer weg von München, weil wenn mei Spezi, der wo jetzt dran arbeitet an der Bombe, ich sag's euch gleich, mei Spezi is nicht dieser, ah, dieser Spezialist. Der arbeitet seit drei Monaten erst dran an dieser Bombe, der kann des halt no net aso, des Dosieren. Net. Wenn der heut sagt, ah, Haidhausen, oder er sprengt Schwabing, oder irgend so was, der kann des nicht genau abgrenzen. Der kann's halt no net. Des is gar net a böse Absicht von dem, aber, ich mein, a gewisse Überdosis bei dem, etwas Unvorhergesehens, net, na zreißt's ganz München. Jetzt zahlts! Ich sag's euch glei, zahlts eahm! Des hat doch koan Sinn net, ihr seids ja wahnsinnig.

Unser Mann in Bonn

Frau Wiesböck, Garderobenfrau, sinniert:

Mei, Sie, oana war jetz da, kürzlich, der hat mir ja guat gfalln, so a Parlamentarier, wie hat er jetz gheißn, warten S', er is ganz berühmt wordn, wegan am Eid, den er gschworn hat, naa, halt, Eid is übertrieben, des war ja nur a Meineid, gell, Sie kennen ihn sicher, as Haar so gepflegt nach hintn, glattes dunkles Haar, so a Hornbrille, Schreiner hat er gheißn, naa, Schreiner aa net, aber es war was mit Holzverarbeitung. Mir fallt jetz eigentlich nur sein Künstlername ein, Old Schwurhand. Ja, as Gericht hat ihm extra bestätigt, daß er sich Old Schwurhand nennen darf, Meineidbruder derf er net sagn, aber Old Schwurhand klingt ja auch viel weltmännischer, wo er doch jetz Minister is . . . Pfeife raucht er gern, na hab ich zu ihm gsagt, bittschön, Herr Schwurhand, da herin darf nicht geraucht werdn, und des hat er durchaus eingsehn, also a sehr netter Herr war's, a blütenweißes Hemd hat er anghabt, gell, also ganz sauber war er, gschwitzt hat er überhaupts net, aber sie san jetz immer so gehässig zu ihm, wo er doch öffentlich gsagt hat: »Politik ist ein schmutziges Geschäft«, und daran hält er sich ja auch. Er hat mir dann sein Leid geklagt, er hat gsagt, schaun S', Frau Wiesböck, des is jetz scho so lang her, daß ich absent war, und es wird immer wieder hochgezupft. Wissen S', und er hat des net verdient, weil er war ja amtlich beglaubigt unzurechnungsfähig, er hat ja immerhin as große Bundesverdienstkreuz kriegt, aber i glaub, des war net für den Eid, des war für a andere Sache. Und wissen S', ich bin so froh, daß er jetz wieder in der Verfassung war, daß er auf die Verfassung schwörn hat können . . . Na ja, mir hat er jedenfalls gsagt, Frau Wiesböck, sagt er, wenn ich jetz Minister werd, dann schwör ich Ihnen . . . und i sag Eahna, auf den Schwur können Sie sich verlaßn.

Wurstmax bilanziert

I kenn mi aus. – I kenn de Gwerkschaften, de Briada, de miserabligen. I war selbst jahrelang organisiert. – Fuchzehn Jahre Mitgliedschaft, mir ko ma nix vormachn. Obwohl, jetz bin i ins andere Lager übergwechselt. I bin ja jezta selber praktisch Unternehmer worn, mei eigener Herr sozusagen, weil im Grunde is a Gwerkschaft bloß a Übergangsform zum freien Unternehmertum, a Provisorium quasi. Weil, ma kann doch net a Lebn lang nur organisiert sei, also, meiner Meinung nach gibt's nur zwoa Alternativen: Unternehmer oder Gwerkschaftsfunktionär. Des is dann praktisch a Unternehmer mit Beamtenstatus. – Ich für mein Teil, i bin a Unternehmer worn, und dadurch san de Gwerkschafter meine natürlichen Feinde. Aber oans muaß ma dem Feind lassn: Gschäftsleut sans, de Gwerkschaften; wenn S' an Kaufhof nehma, was de für an Ramsch verkaufn, des macht Eahna da Hertie nicht nach, und net amal da Neckermann. Oda nehma S' de Neue Heimat, de greislichn Betonbunker da draußt, des Neuperlach – mechst net glaubn, daß Eahna da oana nausgeht und drin wohnt, aba de san doch drin wia de Fliagn. Da ham de Gwerkschaften an unternehmerischen Scharfsinn bewiesn, also de Neue Heimat und der Kaufhof, des san echte Alternativen zur freien Wirtschaft. Renditemäßig san de unschlagbar. Jetz müaßns natürlich für ihre Mitglieder höhere Löhne fordern. Damit de de Mietn da draußt überhaupts zahln kenna. Für mich is des ganze Neuperlach ein einziges Sozialspital. Da hams an guatn Griff doa. Raffinierte Hund sans scho, de ham a Gspür, wo wos geht und wo ned. Weil bei de Krankenhäuser, da mischen se se net ei. Wenn i Schefarzt waar, dad i aa net in d' Gwerkschaft geh, und in de Krankenhäuser hams aa nix zum Suchn, des san kerngesunde Unternehmen, und dene Kranken ko's ja Wurscht sei, was so a Pfleger verdient. Der einzige Nachteil is, daß ma fast nur no Ausländer als Pflegepersonal ham, Nonnen ausgenommen, aba de san ja im Aussterbm. Deitsch san praktisch nur no de

Ärzte und de deitschn Patientn. – Auch in da Krise beweisn d' Gwerkschaften a guate Nosn. – Kernforscher miaßn beschäftigt werdn bei dera Akademikerschwemme – mir könnan uns des gar net leistn, Tausende von so Kernforschern, de wo koa Atom macha kenna. Und wenn alle Akademiker bloß no Taxi fahrn, na ham mir koane Akademiker mehr, wo si mi'm Taxi fahrn laßn. Da zeigns aa an Gerechtigkeitssinn, aber des bringt natürlich wieda eine gewisse Anonymität mit sich, weil der einzelne is nix mehr wert, wenn er in der Masse auftritt. Als einzelner im persönlichen Kontakt mit dem Chef erreicht man gewöhnlich mehr. Des san doch auch Menschen. I kann Eahna a Beispiel sagn aus meiner eigenen Angstelltenzeit: I bin zum Schef naufganga und habe eine Gehaltserhöhung gfordert. Als erstes hat er mir a Zigarrn und an Platz angebotn – die beste Sorte, drei Mark mindestens. Nachert hat er sich siebn Minutn Zeit gnommen, er hat mir dann das sehr gut erklärt, sagt er: Mir dad er gern a Erhöhung gebn, jederzeit, an eahm liegt's net, aber er sagt, d' Gwerkschaftn – da hamma's –, de fordern des für alle Mitglieder, un' des werd z' teier, und weil d' Gwerkschaftn so lästig fordern, hab i praktisch koa Erhöhung bekommen. Aber wenn i net selber higanga waar, hätt i net amal a Zigarrn kriagt, nachert hätt's wieda da Funktionär graucht. – Schaun S', auch bei mir selber im Unternehmen – ich bin Inhaber von am gastronomischen Betrieb in Form einer Wurstbude. Einen Angestelltn hab i, den Hassan, der is zu mir kemma und hat mehra wolln, nachert hab ich's ihm in derselben Form erklärt, wie mir da Schef seinerzeit, allerdings is der Hassan Nichtraucher. Na is er unverschämt worn und hat mit da Gwerkschaft droht, na hab i 'n nausschmeißn müaßn. Weil an und für sich bin i a guatmütiga Mensch und habe für alle Probleme ein offenes Ohr, aber i laß mi doch net erpreßn. – Und, sag ma amoi, aa gsellschaftlich is heitzutog d' Mitgliedschaft eher a Nachteil, wenn oana net direkt in de oberen Ränge von da Gwerkschaft sitzt. Und da Beweis, daß's aa ohne geht, siecht ma ja an de Zahnärzte – Notare – Gebrauchtwagenhändler – Makler – glauben Sie, daß da oana organisiert is? De verdienen meines Erachtens nur deshalb so gut, weil s' net in der

Gwerkschaft san und weil s' net wartn, daß eahna ois von obn her geregelt wird. – Irgendwann muaß a jeder Mensch amal selber in d' Händ spuckn und die Sache in die Hand nehmen, weil die Gwerkschaften san meines Erachtens viel zu zahm. Jetza zum Beispiel: zehn Prozent hams gfordert, nachert san net amal sechs Prozent rauskemma, und weil de Flaschen net durchkomma san, hab i meine Würscht net um fuchzehn Prozent erhöhen kennan. Gott sei Dank is da Cörry naufganga, na hab i's damit begründet – weil a Preisgestaltung muaß sei. Des is net so wichtig, was es kostet, sondern eine Begründung muaß her. Des sehng S' aa bei de Ölmagneten, de wo des Geld praktisch direkt anziehn, de können des alles genau belegn und inserieren des sogar in der Zeitung, warum s' mehra verdienan müaßn. – Aber oans muaß ma dene Gwerkschaftn laßn, organisieren, des könnans. De Ersten-Mai-Feiern, Respekt, Spitze – as Bier is schee kalt, da Leberkas ausgezeichnet, und de Redn wern Gott sei Dank aa imma kürza, und daran siecht ma scho, daß's aa koane Probleme mehr gibt. I muaß scho sagn, des is sehr angenehm, also, i geh da heit no hin, obwohl i jetzt a Unternehmer bin und mi des Ganze gar nix mehr angeht, praktisch. – Also, über den ersten Mai laß i nix kommen.

Eddi Finger oder Advent

VORSPIEL

In seinem Bett liegt Eddi Finger, und die Ruhe der Nacht ist der Pfad, den der Traum geht, um Eddi einen Besuch abzustatten. Begleitet ist der Traum von jemand, den Eddi kennen sollte. Bisweilen wird die Stille von einem kreischenden Auto unterbrochen, oder das Summen eines Lifts oder das Rauschen von Toilettenwasser zeigt an, daß sich das Leben von einer Nacht nicht fesseln läßt.

EDDI: *im Schlaf* Mein Gott, der Traum, bist du schon wieder da?

TRAUM: Hihihihi, jajaja freilich, Eddi. Als Traum deines Lebens habe ich die Pflicht, quasi dir den Weg zu erläutern, denn du hast doch kaum mehr Zeit, Eddi, oder, ist es nicht so?

EDDI: Ach du liebe Zeit, nein, ich habe sie lieb, die Zeit, aber immer läuft sie mir weg.

TRAUM: Dafür bin ich doch da, damit du das, was sie dir im Geschäftsleben nehmen, erhältst. Du brauchst eben Zeit, Eddi. Und da habe ich dir jemanden mitgebracht, der jetzt sehr viel Zeit hat für dich.

VATER: Mein Lebenswerk – das Werk meines Lebens, meine Kraft, mein Ziel, mein Mein – ist zerschmolzen. Der Leichtsinn, die Liederlichkeit eines Sohnes ist wie der Föhn, der alles zernagt, was an Bedeutung, an Phantasie eines Irdischen, an Gestaltungskraft und Anständigkeit zu verwirklichen war. – Finger & Finger.

EDDI: Vater, Vater . . . *Leiser* Papa, Papa, schon – die Geschäftswelt, ich hab ja alles probiert, aber die Konjunktur, der Markt, die Sättigung – Papa, wirklich . . .

VATER: Und Lorenz & Lorenz, die Konkurrenz?

EDDI: *jammert* ... schläft nicht.

TRAUM: Gleich geh ich, Eddi, und nehme deinen Papa wieder mit. Hab ich dir ein bissel Angst gemacht, gell? Aber dein Papa ist halt noch ein alter Homo faber, der läßt nicht so schnell locker, auch wenn er wieder Zeit hat. Servus, Eddi, und viel Spaß in der Geschäftswelt.

EDDI: Danke. Servus. Auf Wiedersehen.

NACHSPIEL

Martha Dinglinger sitzt im Wohnzimmer und rastet.

MARTHA: Ich hab's mir alleweil gedacht, man kann es nur durchhalten, wenn einer hat, was die Geschäftswelt braucht. Aber er hätte halt kein Geschäftsmann werden sollen in dieser Welt. Er ist einfach zu gut, und das ausgerechnet an Weihnachten. Jaja, jetzt sind mir übern Berg, jetzt geht's bergab, heißt's. Ob ich mir nicht vielleicht doch – *steht auf und holt einen Sack aus der Tasche* – ein paar Sachen, ich mein, was waar des jetzt für ein Unterschied, net, wenn ich Sachen putz und statt einem Geld gleich mitnehm, oder die Sachen statt einem Geld mitnehm und dann daheim putz. *Sie packt kleine Accessoires, die überall herumstehen, in den Sack.*

Es klingelt. Martha Dinglinger öffnet. Ein unscheinbarer grauer Mensch kommt herein und zeigt einen Ausweis.

So, sind S' schon da? Er ist noch drin, ich glaub, er schläft noch. Aber er wird sicher bald kommen.

GERICHTSVOLLZIEHER: Ja, dann werd ich mich mal umschauen. Täbris? *Fühlt den Teppich.*

MARTHA: *feierlich* Ja, das ist noch ein Familienstück von der Familie.

GERICHTSVOLLZIEHER: *rollt den Teppich zusammen* Den auf alle Fälle, damit er nicht mehr davonläuft!

MARTHA: Haben S' schon gefrühstückt?

GERICHTSVOLLZIEHER: Ja, da haben Sie recht, nein.

Martha ab in die Küche. Man hört Klimpern. Gerichtsvollzieher blickt sich um und heftet beiläufig einen Kuckuck an den Tisch, sieht dann verwundert einen schönen geschnitzten Christus an und appliziert einen Kuckuck, der das Antlitz des Herrn verdeckt.

GERICHTSVOLLZIEHER: Mein Gott, ja wohin wird das noch führen, wenn das so weitergeht?!

MARTHA: *aus der Küche* Sie sind aber wirklich schon früh da.

GERICHTSVOLLZIEHER: Ja, und das bei dem Personalmangel. Wir sind auf solche Krisen gar nicht vorbereitet, und vor dem Weihnachtsfrieden müssen wir noch vierzig Haushaltungen vollstrecken.

MARTHA: *kommt in den Wohnraum mit einem Tablett und bringt ein Frühstück* Müssen S' doch hungrig sein, wann S' immer so viel vollstrecken.

Gerichtsvollzieher langt kräftig zu, und es schmeckt ihm sichtlich. Martha betrachtet ihn mit Anteilnahme und freundlich.

GERICHTSVOLLZIEHER: *mit halbvollem Mund* Von Rechts wegen dürfte ich das gar nicht zu mir nehmen, sondern müßte . . .

MARTHA: Geh, Sie werden doch net den Kaffee . . .

GERICHTSVOLLZIEHER: Nein, nein, den Kaffee selber nicht, aber die Tasse, wo der Kaffee drinnen ist.

MARTHA: Dann kann er aber nicht mehr frühstücken, weil dann schon vollstreckt ist. Vielleicht tun Sie dann das

Wapperl erst hinauf, wenn Sie die anderen Sachen erledigt haben, weil er hängt so an seinem Frühstück.

GERICHTSVOLLZIEHER: Es geht alles nach Plan, da kann ich leider irgendeine Ausnahme nicht machen, da der Gang des Vollzugs, also der Vollzugsgang, per se vorgeschrieben ist.

MARTHA: Gibt's da eine Vollzugsordnung?

GERICHTSVOLLZIEHER: Freilich, Gott sei Dank sogar mehrere. Das ist ja das Interessante an meinem Beruf. Was glauben Sie denn, da steht eine lange Ausbildung dahinter, und das soziale Engagement und viel Psychologie, Fingerspitzengefühl, Kunstgeschmack, ja, ich weiß gar nicht, wo ich aufhören soll.

MARTHA: Ja, Sie kennen die Welt, gell?

GERICHTSVOLLZIEHER: Ich weiß zumindest, wie sie endet. Hier – *deutet auf seinen Kuckuck* – ist die Quittung auf Illusionen und Flausen, die in einer sauberen Geschäftswelt nichts zu suchen haben.

MARTHA: Er war zu gut.

GERICHTSVOLLZIEHER: Da haben wir es, zu gut, sprich: Güte, das ist natürlich immer wieder dasselbe. Da kann gepredigt werden, was man will. Schärfe des Auges, gesunde Rücksichtslosigkeit, Nase für die Konjunktur, Skepsis, Fähigkeit zum Antreiben, Belauern, aber all diese Tugenden werden einfach in den Gully geschüttet. Ich frage Sie, wie soll sich denn eine ordentliche Geschäftswelt entwickeln, wenn kontinuierlich solche Ideen herumspuken und offiziell davon geredet wird? Sicherlich, es gibt eine angeborene Güte, mit der könnte man fertig werden, man sagt ja: ein guter Mensch – fast ein Depp. Aber wo kommen wir hin, wenn man die großen Gesetze der Welt einfach ignoriert?

MARTHA: Ein bissel ist die Mutter schuldig. Der Vater, der war nicht so, der war noch einer vom alten Schlag.

Seinetwegen hat sich doch der Wimmer erschossen. Sie wissen schon, der alte Wimmer, von Wimmer & Wimmer.

GERICHTSVOLLZIEHER: *strahlt* Jaja, genau, ich erinnere mich sehr gut, der alte Herr Wimmer, da habe ich noch persönlich vollstreckt. Seine werte Frau Gemahlin hat es ja dann auch nicht mehr lange dermacht.

MARTHA: Der Kummer, gell.

GERICHTSVOLLZIEHER: Stimmt, ganz sicher, der Kummer.

MARTHA: Der alte Herr Finger hat ja quasi ein Imperium aufgebaut. Aber der Eddi – nein, nein, nein. Ich kann mich noch genau erinnern, der alte Herr Finger wollte immer haben, daß der Sohn frühzeitig lernt, wie man eine Bilanz liest. Aber die Mutter hat ihm immer alles durchgehen lassen und hat erlaubt, daß er Eisenbahn spielt, aber die Mutter war halt auch viel zu gut. Der alte Herr hat immer gesagt: »Habe ich das hier mit gesundem Menschenverstand oder mit deiner Nächstenliebe aufgebaut?« Sie hat dann immer geweint.

GERICHTSVOLLZIEHER: Nächstenliebe, ja, ja, das ist die Wurzel für unsere Arbeit.

Es klingelt.

Na endlich, das werden sie sein.

Martha öffnet, zwei Packer treten ein.

Also dann, packen wir's an.

Die Packer gehen wortlos an das Mobiliar und beginnen, ein Stück nach dem andern abzutransportieren.

Im Nebenraum läutet das Telefon. Eddi Finger springt aus dem Bett und nimmt den Hörer ab.

EDDI: Ah so, ja, ja, verstehe – dann sagen Sie, daß es mit meiner Geduld zu Ende ist, wie – das ist doch mir gleich – und wenn er den Offenbarungseid schwört – schließlich geht's um ein Geschäft – wir leben doch heute – jaja, genau – mit Verzugszinsen, und wenn er ein Leben lang daran denkt – dem hetz ich die ganze Rechtsabteilung an den Hals – *sanfter* – gut, gut, also so machen wir's – und wie geht's Ihnen? Jaja, man will seine Ruhe haben – ja, auch Ihnen frohe und gesegnete Feiertage – schön – Wiedersehen – Wiederschaun – und kommen Sie gut hinüber. *Er hängt ein. Steht rum und monologisiert.* Das Leben ist ein Grabenkrieg, aber es bietet auch allerhand. Sicher, man wird gedemütigt, aber das Ganze ist nun mal kein Honigschlecken. *Geht zum Adventskalender, öffnet ein Fensterl, entnimmt ein Marzipan und schiebt es sich genußvoll in den Mund, liest laut den Sinnspruch:* »In baldiger Erwartung aufs Christkindlein tun wir gut und machen 's Herzlein rein.«

MARTHA: *klopft* Herr Finger, Herr Finger, da sind welche Herren da und und vollstrecken, wenn S' bitte einmal kommen möchten.

Eddi Finger geht in Schlafanzug und pompösem Morgenmantel in den Wohnraum. Die Packer grüßen.

GERICHTSVOLLZIEHER: Guten Morgen, Herr Finger. Entschuldigen Sie, Herr Finger, aber kraft diesen Bescheids ...

EDDI: Jaja, ich habe einen Fehler gemacht.

GERICHTSVOLLZIEHER: Ja, ein Ausrutscher im Geschäftsleben, und schon geht's dahin. Aber so ist halt das Leben.

EDDI: Ich habe immer aufgepaßt, aber die Methoden der Konkurrenz werden, sagen wir, immer verfeinerter, eine falsche Investition und schon ...

GERICHTSVOLLZIEHER: . . . sind wir da, gell? Aber verdunkeln tun Sie nichts, Herr Finger, aber wozu auch, jetzt wo Matthäi . . .

EDDI: Dann bin ich also sozusagen . . .

GERICHTSVOLLZIEHER: Genau, wenn Sie aber so nett sein würden und alles an Wertgegenständen, Schmuck, na ja, Sie wissen schon . . .

EDDI: Selbstverständlich, Sie müssen nur entschuldigen, aber ich bin ein bißchen durcheinander, weil das Ganze hat doch Folgen.

GERICHTSVOLLZIEHER: Natürlich! Nicht nur geschäftlicher Art, sondern auch gesellschaftlich, nicht wahr!

EDDI: Wir wollten über Neujahr nach die Karpaten fahren zum Skifahren, wir sind immer in den Osten gefahren und haben dann da die Sau rausgelassen. Im Sommer haben wir in Ungarn, die ganze Clique, sechs Leute, vier Porsche und zwei BMW, jaja, wir waren ein paar tausend Kubik, jaja, da haben wir ganz schön die Puppen tanzen lassen.

GERICHTSVOLLZIEHER: Ungarn kenn ich nur vom Krieg, aber da haben wir auch gelebt wie die Fürsten. Wir haben, wie man so schön sagt, immer organisiert.

Die Packer nehmen ein großes Stück und tragen es hinaus.

Haben Sie vielleicht schon dran gedacht auszuwandern? Vielleicht Südafrika oder sonst wohin?

EDDI: Ja, irgend etwas muß ich mir schon einfallen lassen. Ich hab einen Bub, der hätte studieren müssen und dann einmal das Geschäft übernehmen müssen. Diplom-Volkswirt vielleicht, den Doktor machen oder so was, hab ich mir halt gedacht, irgendwie.

GERICHTSVOLLZIEHER: Bildung ist halt ein Fundament. Ich hab eine Tochter, die macht jetzt auch das Abitur, weil ohne Abitur, hab ich zu ihr gsagt, hat ja alles keinen

Sinn mehr. Weil die Zeiten ändern sich, und dann hat sie wenigstens Abitur. Das akzeptiert sogar der Amerikaner oder auch der Russe.

EDDI: Ja, genau. Wir haben ja fast alles, hab ich gedacht. Eine moderne Einbauküche, Teppiche, Antiquitäten, jetzt hab ich gedacht, auf das Abitur kommt es auch nicht mehr drauf an.

Eleonore Finger, aufwendig gekleidet im Leopardenmantel, erscheint mit Sohn Freddi, der ebenfalls modern und superlässig erscheint.

ELEONORE: Was ist denn hier los?

EDDI: Jetzt sind wir soweit.

ELEONORE: Du bist eine Flasche. Ich hab's immer gewußt. Wo ist mein Schmuck?

FREDDI: Papa, krieg ich ein Geld oder einen Scheck?

ELEONORE: Laß dir von deinem Vater ja keinen Scheck aufdrehen, er ist pleite!

FREDDI: Von meinem Papa nehm ich schon einen Scheck, gell, Papa?

EDDI: Ja, laß dir nur Zeit, du kriegst schon was. Du hast immer noch was gekriegt zum Gabentisch.

ELEONORE: Ich hab's kommen sehen. Du und ein Geschäftsmann! Aber nie und nimmer. Auch der Zeitpunkt ist natürlich wieder gut gewählt. Jetzt, wo es auf Weihnachten zugeht.

GERICHTSVOLLZIEHER: Ja, gnädige Frau, wenn ich mir erlauben darf, aber es scheint im Wesen der Katastrophe zu liegen, sich an keinerlei Termine zu halten.

ELEONORE: Aber in der Weihnachtszeit, das ist ein starkes Stück, wo sonst nur von einem Boom geredet wird, ausgerechnet da macht der Pleite.

FREDDI: Papa, kannst jetzt mei Ausbildung nimmer zahlen, Papa?

ELEONORE: Daß er sich untersteht, du wirst ein Akademiker.

GERICHTSVOLLZIEHER: Das Abitur und ein Studium sind ein Fundament, wenn ich amal so sagen möcht, ohne so etwas hat man heute kaum mehr Chancen. Das, was man da investiert, das lohnt sich.

EDDI: Freilich, da brauchen mir gar net diskutieren, net, des ist doch klar, ein Studium, sowieso.

ELEONORE: Das lasse ich bei Gericht bestätigen, und was ich monatlich krieg, darüber reden wir noch, und jetzt will ich meinen Schmuck, laß dir ja nicht einfallen, so zu tun, als könnte er dir gepfändet werden.

FREDDI: Papa, gib mir halt an kloana Scheck wenigstens, i muaß doch Weihnachtspräsente beschaffen.

EDDI: Jetzt wart halt, Bub.

ELEONORE: Mein Gott, wenn ich an frühere Weihnachten denke, voriges Jahr waren wir in Las Palmas, in einem guten Hotel, da haben wir schick gegessen, alles wirklich fein arrangiert, war auch nicht dieser Pauschalcharakter, und es hat wirklich einen Pfiff gehabt, das Ganze.

GERICHTSVOLLZIEHER: Da unten soll es wirklich sehr schön sein, eine feine Paella zu Weihnachten am blauen Meer, das wär schon was, aber bei uns, o mein Gott, ich komm ja auch kaum mehr weg, weil Weihnachten ist halt immer so ein Familienfest.

ELEONORE: Wie ich hier die Lage so sehe, wird's heuer auch so was wie ein Familienfest, aber ohne mich.

GERICHTSVOLLZIEHER: Ich eß meistens nur ein paar Würstl, gell, und dann geh ich ins Bett, weil am andern Tag gibt's doch die Gans, und das ist immer sehr anstrengend. Aber sonst machen wir alles wegen der Tochter, aber wenn die das Abitur hat, dann lassen wir es bleiben. Aber solange sie noch in die Schule geht, braucht sie halt ein Heim, und da gehört Weihnachten dazu irgendwie.

FREDDI: Papa, kriag ich hernach an Scheck dann wenigstens?

ELEONORE: Jetzt laß ihn halt in Ruhe. Siehst du nicht, daß er pleite ist?

MARTHA: Mein Gott, ich find halt, Weihnachten, mein Gott, des is halt, irgendwie, mir essen immer einen Fischsalat, und mein Mann trinkt gern ein Bier. Mir machen dann immer das Fernsehen an, aber grad um die Weihnachtszeit ist das Programm nicht besonders. Weihnachten und Allerheiligen rentiert sich's kaum, daß man reinschaut.

GERICHTSVOLLZIEHER: Weihnachten ist mehr was für Geschäftsleute, aber die sind halt müde dann am Abend und wollen ihre Ruh. Besser wär's wirklich, man flöge weg, Bahamas oder so.

ELEONORE: Wo ist jetzt eigentlich mein Schmuck?

EDDI: Der Schmuck, ja, äh, der . . .

ELEONORE: Mein Schmuck, ich habe es fast geahnt, ich hätt's mir denken können, mein Schmuck – schon bevor wir geheiratet haben, habe ich deinen Charakter gekannt, ja, ich hab's gewußt, daß du einmal in ein Schlamassel reinrasselst. Ja, früher, als das Geschäft noch florierte, da warst du ganz der feine Max – geht pleite und verpfändet meinen Schmuck!

EDDI: Aber schau, das kann einem jeden passieren – ich bau halt wieder was auf.

ELEONORE: Was ich alles erduldet habe – deinem Herrn Vater war ich ja nicht gut genug, ich habe ja kein Geschäft mit in die Ehe gebracht, ich sollte ja nur daheim sitzen, nicht mitarbeiten, damit man nicht meint, ihr hättet's nötig, aber jetzt, das sage ich dir, ich gehe, und der – *deutet auf Freddi* –, der macht das Abitur.

EDDI: Aber schau, Schatzi, reg dich doch nicht so auf – rein menschlich ist doch immer alles in Butter gewesen, oder? Ich hab doch immer einmal was springen lassen, das kann mir keiner nachsagen. Ich hab auch daheim immer gsagt, das wäre ein Schmarrn, wenn sie was gegen dich hätten, weil ich hab immer gsagt, daß menschlich, hab ich gsagt, bei uns einfach alles läuft.

FREDDI: Papa, laßts eich jetzt wirklich scheiden?

EDDI: Du geh – das geht dich gar nichts an, misch dich net rein.

FREDDI: Aber die Mama sagt, daß du de Freindinnen, die wo du hast, daß du dene immer ein Geld gibst, und zwar nicht z' wenig, und mir gabadst koan Scheck.

EDDI: Deine Mutter redet immer so Sachen, und außerdem geht dich das gar nichts an.

Es klopft. Martha Dinglinger öffnet, ein Briefträger kommt.

POSTLER: Guten Morgen!

ALLE: Grüß Gott! Guten Morgen!

POSTLER: Herrn Finger, auch ein Einschreiben ist dabei – hoffentlich nichts Schlechts. *Staunend* Äh, ziehen Sie aus, jetzt vor Weihnachten?

EDDI: Nein, eigentlich nicht, es ist bloß eine Umdisponierung, eine moderne Gesellschaft ist halt mobil.

POSTLER: Ja, genau.

EDDI: Weihnachten nimmt ja auf uns auch keine Rücksicht.

POSTLER: Ja genau.

EDDI: Es ist heute eh alles im Umbruch, wo keiner mehr an nichts glaubt.

POSTLER: Genau.

EDDI: Ein jeder fordert, aber leistn wolln nix.

POSTLER: Genau wie Sie sagen – arbeiten wollns nimmer, und jetzt machens alle ein Abitur, weil s' nix mehr tun wollen.

EDDI: Genau. Also dann, frohes Fest!

POSTLER: Ja, dann auch Ihnen dasselbe, und kommen S' gut hinüber.

EDDI: Sie auch.

GERICHTSVOLLZIEHER: Frohes Fest also dann.

PACKER: Frohes Fest.

ELEONORE: Frohes Fest.

Während Eddi dem Kuvert einen Zahlungsbefehl entnimmt.

POSTLER: Frohes Fest! *Geht ab.*

ALLE: *etwas gestaffelt* Frohes Fest!

EDDI: Das ist wirklich gemein.

GERICHTSVOLLZIEHER: Aha, ein neuer Schritt bahnt sich an?

EDDI: Man hat seine Ruhe nicht mehr, es macht einem wirklich keine Freude mehr manchmal.

GERICHTSVOLLZIEHER: Sie hätten Beamter werden sollen, wegen der Sicherheit. Ich glaube ganz einfach, daß es egal ist, welchen Beruf man hat, man muß ihn jedenfalls absichern. Ein Kusaa von mir, dem sein Sohn möchte Humorist werden, aber mein Kusaa hat gesagt, er erlaubt's nur, wenn er damit wenigstens auch in die mittlere Beamtenlaufbahn kommen kann. Mein Kusaa sagt, daß wenn einer A 13 ist, dann kommt er schon über die Runden, Witze machen kann er dann immer noch, und wenn keiner mehr darüber lacht, könnens ihn allerhöchstens versetzen. Irgendwo gibt's immer welche, die wo einen Witz gern hören wolln.

EDDI: Genau. Sie haben schon recht, ganz genau ...

GERICHTSVOLLZIEHER: Wenn er Beamter ist – hat der Kusaa gesagt, braucht er mit Zweiundsechzig keinen Witz mehr zu machen, und er kann sich zurückziehen. Fehler kann er überhaupts keine großen machen, weil das, worüber die Leute lachen, praktisch feststeht. Es gibt da Erfahrungswerte.

FREDDI: Papa, was ist denn, krieg ich jetzt dann einen Scheck?

GERICHTSVOLLZIEHER: Geben S' ihm halt einen, auch wenn er nicht gedeckt ist, weil Sie als Vater brauchen sich da nicht fürchten, in Mißkredit kommt höchstens die Bank.

ELEONORE: Sie haben recht, was kann denn das Kind dafür, wenn der Vater pleite ist. Soll die Bank ruhig haften – die, wenn sie einen Funken Anstand haben, geben dem Kind das Geld ...

Willi und Ada kommen herein, indem sie sich an den Packern vorbeischmiegen.

ADA: Hallo, hallo, was ist denn bei euch los, man meint, der jüngste Tag ist angebrochen! Na, trefft ihr die Vorbereitungen zum Fest? Habt ihr schon alle eure Präsentchen versteckt? Hihihi ...

EDDI: Servus, Ada, servus, Willi!

MARTHA: Die Nikoläuse sind aber auch nimmer das, was sie früher waren, mit einem Krampus, der wo für Ordnung gesorgt hat. Früher, da haben die Krampusse Ochsenfiesel gehabt, und wenn man erwischt worden ist, dann hat's gestaubt. Bei uns daheim war jetzt auch ein Nikolaus da, aber die erzeugen ja gar keinen Respekt mehr. Als er da war – sicher war's einer vom Studentenwerk –, hat er gesagt, wir sollten während der Zeremonie den Fernseher ausmachen. Wir haben dann gesagt, daß, wenn er schon so wenig Angst einflößt, quasi daß des Kind lieber zum Fernseher hinschaut als zu ihm, dann wär's sowieso schad ums Geld.

FREDDI: Servus beinand. *Geht ab.*

EDDI: Aber die alten Bräuch sind halt kaum zum Umbringen.

GERICHTSVOLLZIEHER: Jaja, früher da war etwas los, wenn ich daran denk, als Kind, man hat einen Respekt gehabt. Das waren eben alles noch Erziehungs . . . oder jedenfalls, man ist auch etwas geworden, und ich glaub, daß wenn einer einmal – *demonstriert Schläge* –, dann würde er schon die Löffel spitzen. Was eine anständige Kindheit ist, wissen die gar nicht mehr.

EDDI: Ja, genau – wenn ich da nur an Weihnachten denk.

GERICHTSVOLLZIEHER: Apropos – *Bestandsaufnahme* – den Adventskranz können wir dalassen, damit S' ein Lichtlein anbrennen können.

Während die Packer wieder ein Stück raustragen, gehen der Gerichtsvollzieher und Eddi ins Schlafzimmer. Ein Herr vom E-Werk erscheint und trifft Martha Dinglinger, die aus der Küche kommt.

E-WERKSMENSCH: 'tschuldigen S', bei Finger?

MARTHA: Der Chef is, glaub ich, da, der kommt gleich. Warum?

E-WERKSMENSCH: Ich hab einen Bescheid, ich soll zudrehen.

MARTHA: Is schon recht, danke, ich richt's dann aus, gell?

E-WERKSMENSCH: Gut, dann also, Wiederschaun, und ein frohes Fest!

MARTHA: Ihnen auch, gell! *Geht ab in die Küche.*

EDDI: *kommt ins Wohnzimmer; zum Gerichtsvollzieher* Wir waren doch der Motor von dem Ganzen, und von uns hat alles gelernt, net wahr?

GERICHTSVOLLZIEHER: Genau.

Die Packer räumen das Schlafzimmer aus.

EDDI: Mein Gott, und dann das Personal heute, das ist zum Verzweifeln, net, und bei die Türken und so was, des muß man alles anmelden, des is ... drum mögn mir nimma investiern net.

GERICHTSVOLLZIEHER: Ja eben.

EDDI: Die tragende Schicht, net, die wo, praktisch irgendwie, äh ... kriegt nix wie Schwierigkeiten. Mir haben doch irgendwie des ermöglicht, auch für die Kultur. Mir haben ein Theaterabonnemaa ghabt, aba ich bin fast nie reingangen, weil ich ja keine Zeit hab, aber mit dem Abonnemaa hab ich alles mitfinanziert. Wenn mir irgendwo auswärts beim Essen waren, haben mir doch nicht immer aufgepaßt – ein bekannter Spezi von mir, der wo ein Lokal hat, der klagt auch, er sagt, es dauert wirklich lang, sagt er, bis einer kommt heute, sich gemütlich hinsetzt, einen Sekt der oberen Klasse trinkt und dabei ein Geld nicht anschaut. Das Verdienen macht gar keinen Spaß mehr, weil s' as einem doch wieder nehmen. Und jetzt, Sie haben's doch gesehen, meine Frau springt auch ab, obwohl ich mich niemals hab lumpen lassen. Wie s' des ghabt hat mit derer Zyste, net, hab ich gsagt, ich zahl ihr auch den Professor Moser, hab ich gsagt, und wenn ich's mit der Geschäftsentnahme finanzier.

GERICHTSVOLLZIEHER: Ach ja, der Moser! Links der Isar.

EDDI: Genau. Der is narrisch gut, ich mein, der Lanzinger is auch gut, aber mehr bei Allergie, und ich hab alles zahlt. Tagessatz und so, alles in Butter. Ich glaub, sie is im Grunde nur deshalb beleidigt, weil sie mitgekriegt hat, daß ich meiner guten Bekannten – Sie verstehn – eine Lebensversicherung gschenkt hab zu ihrem Geburtstag, und einen Abort hab ich ihr auch einmal zahlt. Aber meine Frau braucht sich nicht zu beklagen, weil an einer finanziellen Nestwärme hab ich's niemals fehlen lassen.

MARTHA: *kommt aus der Küche* Herr Finger, also, ich glaub, daß fast alles, was wegkommt, sauber is. Soll ich den Teppich noch klopfen?

GERICHTSVOLLZIEHER: Nein, das ist uns gleich, das braucht's nicht, weil bis zur Versteigerung ist er wieder staubig.

EDDI: Ja, wenn's halt nur noch einmal sein könnt, daß ich noch einmal was aufbau, dann kauf ich mir wieder einen Perser, das ist schon was Schönes und eigentlich preiswert, wenn man denkt, daß da hinten eine Familie mit die Kinder ein paar Monate dran arbeitet, ich möcht's nicht machen. Wie mir in Algerien waren, im Hotel, da haben mir von der Terrasse immer ins Armenviertel reinschaun können. Ja, mir hatten die Wahl, Blick aufs Meer oder ins Armenviertel. Mir haben ein Doppelzimmer ghabt und haben halt immer abgewechselt, da haben mir dann auch gsehn, wie so ein Teppich praktisch gmacht werd, und des Ganze ist auch noch irgendwie rustikal. In Hongkong, da habens auch ein Armenviertel, aber von der Lage net so schön. Es weht auch zu stark der Gestank her, da müßte halt was gmacht werden. Mei, andere Länder, andere Gerüche, gell?

GERICHTSVOLLZIEHER: Ja, da haben Sie recht. Der Deutsche ist halt doch kein Ausländer.

EDDI: Genau.

Das Licht geht aus, graues Halbdunkel vom Tageslicht.

GERICHTSVOLLZIEHER: Naa, also – ja Herrschaft . . .

Man hört die Packer stolpern.

EDDI: Ach, du lieber Gott, ist es schon wieder soweit?!

GERICHTSVOLLZIEHER: Ja, wie soll denn bei der Finsternis ein Amtsvollzug pünktlich erledigt werden? Haben Sie keine Lichtrechnung mehr bezahlt?

EDDI: Eigentlich schon lange nicht mehr. Die vom E-Werk reagieren prompt.

GERICHTSVOLLZIEHER: Ein Licht, wir brauchen ein Licht!

MARTHA: Ja. Ich hab's schon – Zündhölzer! *Zündet Adventskerze an.*

Kleine Pause.

Es is einem ganz traurig, wenn ma sieht, wie traurig des eigentlich is.

GERICHTSVOLLZIEHER: Bei dem Licht merkt man kaum, daß es hier fast leer ist.

MARTHA: *weint* O mei, wenn ich daran denk, was noch werden soll.

EDDI: Passieren kann Ihnen nix, weil mir sind ja schließlich im zwanzigsten Jahrhundert, net.

GERICHTSVOLLZIEHER: Gute Frau – Sie brauchen Ihnen nichts zu denken, es hat Jahrhunderte gedauert, bis mir schließlich so weit gekommen sind bis heute, verstehn S'?

Von draußen anschwellender Gesang von Sternsingern

Wir singen Euch die alte Mär,

Die zu begreifen ist gar nicht schwer.

Im Finstern draußt scheint hell und klar ein Stern,

Die Hoffnung, die Hoffnung, die brauchen wir sehr.

Der Heiland im Kripperl, den haben wir gern,

Der Heiland ist der Sohn, den d' Maria gebar.

EDDI: Muß i denen was geben?

MARTHA: Vielleicht jedem ein Zehnerl.

GERICHTSVOLLZIEHER: Vielleicht einen Scheck? Aber mir gilt der Besuch ja nicht, weil ich ja dienstlich da bin.

MARTHA: Geh, aber Sie ham doch auch ghört, wie schön feierlich daß die gsungen haben!

GERICHTSVOLLZIEHER: Ich hab's vernommen, aber mehr als Begleitumstand.

EDDI: *gibt einen Scheck* Aber net einlösen, der is bloß zum Anschaun, gell?

Sternsinger gehen singend ab
Inzwischen ist alles leer geräumt.

GERICHTSVOLLZIEHER: Ja, ich glaube, meine Leute, wir sind auch soweit. – Herr Finger, des war quasi sehr, Sie verstehn – irgendwie, mein Gott, aber trotzdem schöne Tage noch, und kommen Sie gut hinüber.

EDDI: Danke, sehr freundlich, Sie auch, es war wirklich – Sie verstehn.

GERICHTSVOLLZIEHER: Danke, alles Gute auch weiterhin!

Packer nehmen noch Reste mit und den Teppich.

STIMME: *von draußen* Ja, bitte, wenn Sie dem Herrn Finger Bescheid geben würden, die Heizung wird jetzt abgeschaltet.

MARTHA: Herr Finger, es wird zugedreht, die Heizung... Ich glaub, ich muß jetzt auch – wissen S', mein Mann kommt heim, und dann krieg ich Angst, wenn ich...

EDDI: Schon gut, Frau Dinglinger, und wenn wir uns nimmer sehn, kommen S' gut nüber und guten Rutsch.

MARTHA: Ja, Ihnen auch.

In der Stille: »O du fröhliche...«

Die Packer erscheinen noch mal und wollen ihr Trinkgeld abholen. Eddi kramt in seinem Morgenmantel, findet kein Geld, aber auch keine Streichhölzer. Er bittet die Packer um Feuer. Ein Packer reicht ihm ein Einwegfeuerzeug. Eddi zündet die Kerzen des Adventskranzes an. Die Sternsinger singen immer noch: ». . . o du seligehe, gnadenbringende Weihnachtszeit . . .«

i.A. Deutelmoser 2

... und teilen Ihnen hiermit fristlos Komma daß der pH-Wert einer Leberknödelsuppe nur in mittelbarer Korrelation steht zur Schadstoffspeicherung von Schwermetallen wie Blei Komma Arsen Komma Quecksilber o. ä. der Leber desjenigen Schlachtviehs Komma dessen Leber bei der Leberknödelsuppenverarbeitung passiv im Knödel zur Anwendung gebracht wurde Komma d. h. Komma es besteht kein – kein unterstrichen – direkter Zusammenhang zwischen dem Vergiftungs Bindestrich Komma Säure Bindestrich Komma als auch dem Geschmackskoeffizienten des in der Leberknödelsuppe verwendeten Leberknödels Komma woraus eindeutig hervorgeht Komma daß die in der Schlachtviehleber gespeicherten Schwermetalle somit als geschmacksneutral einzustufen sind und beim Verzehr der Leberknödelsuppe ergo nur in Form eines kaum quantifizierbaren erhöhten spezifischen Gewichtes des Leberknödels selbst durch die hohen spezifischen Gewichtsanteile der in der Schlachtviehleber abgelagerten Schwermetalle ausgewiesen werden könnten Komma wenn nicht der Schwermetallanteil der im Leberknödel ebenfalls eingearbeiteten Petersilie einer eindeutigen Quantifizierung im Wege stünde Komma d. h. Komma der Gesamtschwermetallanteil des Leberknödels kann wiederum ebenfalls nur bedingt dem Schwermetallanteil der im Leberknödel verarbeiteten Leber zugeordnet werden Komma da die Verwendung von Petersilie im Leberknödel einerseits nach Übereinstimmung aller – aller unterstrichen – relevanten in Bindestrich und ausländischen Leberknödelsuppenrezepte unabdingbar ist Komma andererseits die Petersilie heutzutage über einen extrem hohen Sättigungsgrad von Blei Klammer auf lateinisch Plumbum Klammer zu und Quecksilber verfügt Punkt

Hochachtungsvoll
i.A.
Deutelmoser

Anlagen: 1 Buch, bedruckt
            1 Schutzumschlag, abnehmbar

Im Kaufhauslift

Ein Kaufhauslift von innen. Menschen drängen zur offenen Lifttür herein. Ein zerknitterter Liftportier steht am Liftbedienungspult.

Erdgeschoß

KUNDE I: In den ersten, bittschön ...

LIFTMANN: Eins, zwei, vier, noch jemand, haben wir alles? Gut.

KUNDE II: Fünf.

LIFTMANN: ... und die fünf dazu.

KUNDIN: Elektrische Schreibmaschinen?

LIFTMANN: Elektro, Schreibwaren, dritter Stock. – Aufwärts!

FRAU: Sagen Sie, wo gibt es bitte ...

LIFTMANN: Meine Dame, ich rufe alles aus. Sonst kommen wir morgen früh noch nicht, hätten Sie unten die Auskunft holen müssen. – Vorsicht.

Die Lifttür schließt, der Lift fährt los.

1. Stock.

LIFTMANN: Erster bitte, Herren-/Damen-/Kinderbekleidung-Ledermoden-Reisebüro-Sportartikel-Pixi-Fotostand ...

KUNDE: Sakkos, bitte?

LIFTMANN: Herren-/Damen-/Kinderbekleidung hab ich doch schon!

Der Kunde steigt aus, Kunde I betritt mit neuem Herrenmantel, einer großen Kaufhaustüte und einem Paar Ski wieder den Lift. Die Tür geht zu.

KUNDE I: Zwoatn, bittschön.

FRAU: Wo gibt es bitte ...

LIFTMANN: Eins nach dem anderen.

Der Lift fährt.

2. Stock

LIFTMANN: Ja, zweites, bitte, Radio-Fernsehn-Schreibwaren-Bücher-Kunst-Geschenkecorner-Schallplatten-Spielwaren-Restaurant-Alles fürs Kind-MisterMinit-Service ...

FRAU: Wo gibt's denn bitte ...

LIFTMANN: Ich rufe alles aus, warten Sie's ab.

Kunde I betritt wieder den Lift, diesmal mit drei Tragetaschen, Skiern, Farbfernseher und einem großen Spielzeugbären.

KUNDE I: Obacht. Ah – nauf!

LIFTMANN: Vorsicht bitte an der Tür.

Lifttüre zu, der Lift setzt sich in Bewegung.

3. Stock

LIFTMANN: So, dritter, bitte, Haushalt-Werkzeug-Waschmittel-Bastelbedarf-Raucherboutique ...

FRAU: Wo gibt es denn bitte ...

LIFTMANN: Uhren-Schmuck-Tischwäsche-Drogen-Glas-Porzellan ...

Kunde I betritt sehr voll beladen – bisherige Einkäufe plus Homeworker, Karton mit Geschirr – den Lift, der ziemlich voll ist.

KUNDE I: Obacht, bittschön, ah, Verzeihung ...

KUNDIN: Passen Sie doch auf!

KUNDE I: tschuidign S'.

LIFTMANN: So, Vorsicht bitte an der Tür!

Ein eiliger dicker Mann quetscht sich gerade noch in den Lift, als die Tür zugeht, mit deutlichem Klirren zerbricht das Porzellan des Kunden I.

4. Stock

LIFTMANN: Vier, bitte, Gardinen-Teppiche-Lampen-Bilder-Silber-Terrasse-Zoo-Betten-Campingparadies ...

FRAU: Wo gibt's denn bitte ...

LIFTMANN: Gleich sind wir oben.

FRAU: ... Wahrsagekugeln?

LIFTMANN: Vergangenheit oder Gegenwart?

FRAU: Nein, Zukunft.

LIFTMANN: Zukunft führen wir nicht. Vielleicht bei Sparstatt.

FRAU: Vielen Dank.

Die Frau steigt aus. Kunde I betritt den Lift mit der Ausrüstung vom 3. Stock und einer Campingliege. Er ist jetzt der einzige Liftbenutzer, aber er füllt den Liftraum mit seinen Waren voll aus.

KUNDE I: Obacht, ah, Augenblick ...

LIFTMANN: Warten Sie, ich helf Ihnen.

Er hilft. Die Tür geht zu.

5. Stock

LIFTMANN: Fünfter. Lebensmittel-Spirituosen-Kundendienst-Kreditabteilung ...

KUNDE I: Sie, wo geht's denn da zur Kreditabteilung?

LIFTMANN: Wolln Se 'n Langzeiter oder 'nen schnellen Kleinkredit?

KUNDE I: I mechad schnell an großen Kredit.

LIFTMANN: Hier lang, neben dem Himbeergeist links ab.

KUNDE I: Dankschön.

Kunde I nimmt sein sämtliches Gepäck und marschiert in Richtung Kreditabteilung.

5. Stock, Fahrt abwärts

LIFTMANN: So, bitte einsteigen.

Kunde I kommt ohne Waren in den Lift, eine halbvolle Flasche Himbeergeist in der Hand.

LIFTMANN: Na, hat's geklappt?

KUNDE I: Frag net so blöd, abi.

Der Lift fährt los.

Zoll hat Zukunft

Eine Zollstation. Udo Prims und Alfons Waschke fertigen ab. Ein Pkw fährt vor.

PRIMS: Guten Tag. Haben Sie irgend etwas zu verzollen? Zigaretten, Spirituosen, Elektroartikel oder . . .

BRASCH: Nicht, daß ich wüßte.

WASCHKE: Is guat, fahrn S' weiter.

PRIMS: Nein, halt, Moment, noch 'n Augenblick, was is 'n das hier bitte hier?

BRASCH: Das is 'n Koffer mit schmutziger Wäsche.

WASCHKE: Also guat.

PRIMS: Bitte öffnen Sie doch mal.

BRASCH: Gut, wenn Sie meinen.

WASCHKE: Nanaa, is scho okay, fahrn S' zua.

PRIMS: Nein, Moment, da neben dem Koffer, dieses Möbelstück . . .

BRASCH: Das ist ein alter Schemel.

PRIMS: Ja eben. Antiquitäten sind ab einem bestimmten Wert zollpflichtig.

BRASCH: Aber, das hier ist doch . . .

WASCHKE: Also guat, fahrn S' weiter.

BRASCH: Wiedersehn.

WASCHKE: Wiederschaun.

PRIMS: Neinnein, halt, halt, nein, stopp hier, Moment, hiergeblieben. Das ist 'ne Antiquität. Das muß erst geprüft werden.

WASCHKE: Des is doch koa Antiquität, des is a oids Glump.

PRIMS: Wo haben Sie den Schemel her?

BRASCH: Ein Geschenk aus der Verwandtschaft.

PRIMS: Ah so, also ein altes Erbstück.

BRASCH: Nein, ich brauch's halt zum was Abstelln.

WASCHKE: Also, Herr Prims, wenn S' mi fragn, is's a oids Glump. Aber des wern mir jetz glei feststelln. Ham S' an Katalog da? *Zu Brasch* Dean S' 'n gschwind aus'm Wagn, des wernma glei ham. 's läßt sich ja leicht feststelln.

BRASCH: *stöhnt* Herrschaft.

WASCHKE: Ja, leider. Des is in manchen Fällen so a Ermessenssache. Aber des is ois genau geregelt.

PRIMS: *blättert im Katalog.* Das könnte 'n Jugendstil sein.

BRASCH: Des is doch kein Jugendstil. Dean S' amal an Katalog her. Wernma glei ham. So, da ham mir 'n. Jugenstil – naa!

PRIMS: Oder Biedermeier.

WASCHKE: San S' stad, des ham mir glei. Beine – Biedermeier – naa, äh, vier Beine, Allgemeinzustand gut. *Schnauft* Do, vielleicht Empire.

BRASCH: *lacht gequält* Empire, haha.

WASCHKE: Da brauchan S' gar net lacha, i glab aa, daß's a alts Glump is, aber wenn der Herr Prims meint, daß's a Antiquität is, na muaß ma dera Sach nachgehn.

PRIMS: Dieses Möbel hat 'nen Stil, das sieht man doch.

WASCHKE: Ja mei, mit'n Katalog geht da gar nix. Rufen S' doch amal gschwind an König in Scharnitz an. *Zu Brasch* Des dauert jetz an Moment, aber des wernma glei ham.

BRASCH: Das hör ich jetzt schon zum wiederholten Mal.

PRIMS: *am Telefon* Herrn Hauptwachtmeister König, bitte!

WASCHKE: Hättn S' halt a Expertise dabeighabt, na waar de Sache gleich ausgstandn.

BRASCH: Für so 'n alten Hocker? Ich glaube mein Schwein pfeift! Wo sind wir denn?

PRIMS: Ja, Herr König, hier haben wir eine Antiquität ungeklärter Herkunft.

WASCHKE: Dean S' 'n her! *Nimmt Prims den Hörer weg.*

PRIMS: He, Moment!

WASCHKE: Scho recht. – Du Franz, mir ham da so an oidn – i dad sagn Schemel oder 'n Hocker oder so. Koa Wurm drin, naa, siehgt ma nix. Vier Fiaß, ja – mehr so gedrechselt und dann wieder grad und – naa, Jugendstil glab i net, naa – ham mir scho im Katalog ... Ah was? Gotisch? Moment, i schaug amal. *Blättert wieder im Katalog.*

PRIMS: Ja, gotisch!

BRASCH: *lacht hysterisch* Gotisch, ha.

WASCHKE: Ja, naa, koa Polster. Er hat – Barock glab i net, naa – koa Gold un' nix. Ja, braun. Im Grund a oider Hocker halt, wia bei mir dahoam in der Kuchl, woaßt scho – wo der Fernseher draufsteht. So was, aber scho oid. Naa, der Prims moant halt grod, weil's so unauffällig is, kannt's halt wertvoll sei.

PRIMS: Vielleicht 'ne gemischte Stilrichtung?

WASCHKE: Ja, der Prims meint, ma kann's net gscheit einordnen. *Zu Brasch* Für was wolln S' 'n?

BRASCH: Das is 'n Hocker.

WASCHKE: Na, und was wolln S' damit?

BRASCH: Stell ich mir in die Küche. Vielleicht stell ich 'n Fernseher drauf oder irgendwas.

WASCHKE: Er sagt, er wui aa an Fernseher draufstelln.

PRIMS: Das ist doch 'ne Schutzbehauptung.

BRASCH: Ach Sie, Sie, seien doch Sie still, Sie haben doch keine Ahnung.

WASCHKE: Des Jahrhundert? – Mei, schwierig. Ja, gell, i hab's ma's glei denkt, am Telefon ist des schwierig. Woaßt wos? I schick dir 'n gschwind vorbei. Pfüati derweil. Servus, Franz. *Zu Brasch* So, ja – leider können wir jetzt hier da gar nichts mehr, da müssen Sie am Hauptzollamt Mittenwald/Scharnitz vorbeifahrn, weil da sitzt unser Experte für Antiquitäten.

BRASCH: Scharnitz – wie komm ich denn da hin?

WASCHKE: Mei, wenn ich Sie jetz rüberlassn könnt, na waar's ganz einfach. Aber i derf ja net. Jetz müssen S' praktisch bei uns im Land über hinfahrn, da müssen S' um den ganzen Berg da rumfahrn, um des ganze Gebirgsmassiv, also, i schätz, in guat zwoa Stundn kenna S' es packn. Wenn der Verkehr einigermaßen . . . Hauptzollwachtmeister König heißt der Experte. Der stellt dann fest, ob's tatsächlich a Antiquität is oder sein könnte oder – verstehn Sie?

BRASCH: *lacht hysterisch, kriegt einen Wutanfall und zertrümmert den Schemel* Wissen Sie was? Diese Antiquität können Sie behalten. So was ist mir in meinem ganzen Leben noch nicht vorgekommen, das ist Waaahnsinn. Ich habe doch hier meine Zeit nicht gestohlen. Wahnsinn. Wa . . . Wa . . . *Drischt auf die Reste ein.*

WASCHKE: Was is 'n? Was ham S' denn?

PRIMS: Was hat er denn?

WASCHKE: Ich woaß net, was er hat. Jetzt draht er durch.

BRASCH: Sie hörn von mir. *Droht und fährt wütend weg.*

WASCHKE: Dean S' es auf d' Seitn.

PRIMS: Ja, aber, des is doch . . .

WASCHKE: Ah, dean S' es weg, des oide Glump.

PRIMS: Schade um diese Antiquität.

WASCHKE: Ah geh, Herr Prims – Antiquität! I sog Eahna was – sogar wenn's eine Antiquität gewesen wäre, waar's für mi trotzdem a oids Glump. Dean S' es weg.

Schutzengel

Auf einem Parkstreifen der Interzonenautobahn steht ein Trabant. Die Motorhaube ist geöffnet, ein schmächtiger Herr ist leicht ratlos über den Motor gebeugt. Ein Mercedes 450, rot metallic, rollt auf den Parkstreifen, Hupsi und Berti, zwei dynamische Westmenschen, steigen aus.

HUPSI: Also, des muaß i mir doch amal zu Gemüte führen, Meister. Des is jetz scho der sechzehnte Schrotthaufen do bei eich auf der Interzonenstrecke, da muaß i scho amal schaugn, verstehst, Meister, scho rein aus fachlichem Interesse. Zoag amal, geh weiter, laß mi neischaugn. *Schaut in die Motorhaube, bricht in schallendes Gelächter aus.* Hahaha, ja Wahnsinn, Berti! Berti, schaug her, da, des muaßt da oschaugn. So was Windigs hast no net gsehgn.

BERTI: *schaut in die Motorhaube, bricht ebenfalls in Gelächter aus* Hahaha, des ghört ja in a Museum, aber net auf d' Autobahn. Ja, so ein Scheiß...

HUPSI: Sag amal, Mann, mit dem Spirituskocher fahrst du da aso durch die Gegend? Wie bist 'n du überhaupts bis da herkemman, Meister?

HERR: Bitte, sparen Sie sich Ihre dummen Bemerkungen.

HUPSI: Magst amal Auto fahrn, Meister? Geh weiter, steig amal in mein Karrn, daß d' woaßt, was a Auto is.

BERTI: Hupsi, was is'n da der Motor?

HUPSI: Hast du Motor gsagt? I hätt gmoant, Pedale. Hahaha...

BERTI: De brauchan koan autofreien Sonntag, weil de ham ja koane Autos. Hahaha...

HUPSI: Naa, jetz amal im Ernst, Meister, kann i dir irgenwie behilflich sei? Woaßt, abschleppn trau i ma net, sonst hebst ab, und du hast doch koan Flugschein, oder? Aber woaßt, vielleicht bringma des Seifnkistl wieder zum Blasn. Du bist doch sicher zfriedn, wenn er sich irgendwie wieder bewegt, wenn er töff-töff macht, oder?

BERTI: Hupsi, schaug dir diese Heizbirne an! Hahaha . . .

HERR: Geben Sie mir meine Zündkerze wieder.

HUPSI: Wennst mi fragst, Chef, is des a Heizbirne, aber keine Angst, Meister, da hast deine Innereien. Schaug, mir wolln dir doch bloß helfn. Berti, geh weiter, dreh ma 'n amal um. *Hebt den Trabant an, hat die Stoßstange in der Hand.* Ja, was is des . . .

HERR: He, Sie, ich verbitte mir das! Lassen Sie meinen Wagen in Ruhe!

HUPSI: Berti, geh weiter, hol an Tesafilm! Tuat ma leid, guata Mo. Aber woaßt, Meister, amal ganz unter uns, von Motorist zu Motorist, mit so was fahrt ma doch net auf der Straß umanand. Des konnst bei dir dahoam im Garten aufstelln als a Antiquität oder moderne Plastik.

HERR: Wie soll ich das jetzt wieder in Ordnung kriegen?! *Hebt erbost die Stoßstange auf.*

HUPSI: Da, schau her, Meister, i hab was für dich. Da hast an Kaugummi, den konnst kauen oder als Dichtung hernehma oder dei Stoßstanga pappn, und da hast ein Original-Taschenmesser. Da konnst nachert ois repariern an deim Kübel, und, da, schau her, da is sogar no a Büchsenöffner dran. Also, wennst unterwegs bist, kannst dir a Konserve aufmachn, dann brauchst net verhungern. Also, hab d' Ehre, Meister, und halt de Ohren steif . . .

Hupsi und Berti steigen in ihren Mercedes und brausen davon.

Der Freitagabendzug

Ein dünn besetzter Silberling der Deutschen Bundesbahn. Georg Blascheck lehnt, vom Alkohol angegriffen, in einer Ecke, daneben sitzen Helmut Grissinger und Hubert Flachl. Der Zug fährt an.

HELMUT: Sag amol, Berti, jetzt san ma grad z' Darching. Der Schorsch hätt doch grad aussteign miaßn.

HUBERT: Der werd doch selber wissen, wo er naus muaß. Der soll aussteigen, wo er mog.

HELMUT: Du, Schorsch, he, Schorschi ... *Schüttelt ihn.*

Georg grunzt.

Schorschi, was is 'n ...

Georg grunzt.

He, Darching ...

GEORG: Jaja, scho recht.

HELMUT: Muaßt du net in Darching außi?

HUBERT: Geh, laß eahm doch sei Ruah.

HELMUT: Ja, aber er, er, er is doch allweil in Darching ausgstiegn.

HUBERT: Ko scho sei, heit fahrt er halt a Stückerl weiter.

HELMUT: Ja, aber i fahr jetzad scho seit zwölf Jahr mit'm Schorsch hoam, und er is allweil in Darching ausgstiegn. – He, Schorsch, hallo, Schorsch!

GEORG: Jaja, äh ...

HELMUT: Mir san ma grad z' Darching gwen, nächster Halt Miesbach ...

GEORG: Jaja, scho recht.

HUBERT: I moan, der Schorsch macht heut eine große Reise ...

HELMUT: Was is 'n Schorsch, fahrst zum Gardasee oder ans Meer? *Zu Hubert* Bis wo fahrt 'n der Zug?

HUBERT: Bei Kiefersfelden geht er über d' Grenz ...

HELMUT: Na hat er ja no Zeit. – Gell, Schorsch, na hast no Zeit?

Gesprächspause. Der Zug fährt langsamer, hält an. Hubert zieht eine Bierdose aus der Mappe.

HUBERT: Was is, brauchst a no oane ...

HELMUT: *sieht zum Abteil hinaus* Ja mei, des werd knapp, ah ja, dua s' her.

HUBERT: Oane geht allweil no ... *Öffnet die Bierdose.*

Marlies Kubierschki, ein Wammerl, betritt das Abteil und setzt sich.

HUBERT: Gutn Abend, gnä' Frau, geht's wieder hoam?

HELMUT: Do schaung S' her, da hätt ma an charmanten Reisebegleiter. – Schorsch, reiß di zamm, da is eine Dame!

Georg grunzt.

Ja, er versteht was von Frauen.

Das Wammerl schlägt die »Aktuelle« auf, nimmt Zigarette, Helmut gibt fast galant Feuer.

WAMMERL: Danke.

HUBERT: Der Schorsch macht heute eine Weltreise. Hahahaha ...

HELMUT: Wohin fahrst 'n, zum Gardasee oder glei ans Meer? Hahahaha ...

Georg grunzt.

HUBERT: Er is no a bisserl unentschieden, er woaß no net genau. Prost. – Meng S' aa a Bier?

WAMMERL: Naa, ah ...

HELMUT: Aber, Berti, fallst mi fragst, da Schorsch hätt in Darching nausmiaßn. Spätestens.

HUBERT: A Schmarrn, wart amol, wart amol ... *Greift Georg ins Sakko, zieht ein Pornoheft heraus.* Hahahaha, so eine Sau, schaug amol.

HELMUT: Wia, zoag her ... *Schaut, lacht.* Do schaugn S' her, i hab's Eahna ja gsagt, da Schorsch versteht was von Frauen.

WAMMERL: Ah geh, hörn S' auf.

HUBERT: *kramt weiter, findet Brieftasche mit Ausweis, liest* Da steht nix, wo er wohnt. *Findet Foto.* He, Schorsch, is des dei Onkel, schaug amol, der schaugt aus wia ein Vampir.

HELMUT: I dad sogn, eher wia ein Sexualverbrecher. Oder, wos dadn Sie sogn, Fräulein?

Das Wammerl reagiert nicht.

HUBERT: Beim Bund war er ... und was hamma 'n do? Ui, do schaug her, des is ... aha, do, aha, mhm, do, des is sei Kündigungsschreiben ... Kreitmeier & Fröhlich braucht eahm nimmer. Der Schorsch is unrentabel worn.

HELMUT: Do konn er natürlich leicht in Urlaub fahrn, hahahaha. Rentierst di nimmer, Schorsch. Wos is Fräulein, san Sie ungekündigt?

WAMMERL: Geh.

HELMUT: Schorschi, denk da nix, die ganze Welt ist ein Roulett. Oder, Fräulein?

HUBERT: Was is, rauchma oane?

HELMUT: Rauch ma oane. *Gibt Hubert Feuer.*

HUBERT: Meng S' aa oane Fräulein? Der Schorsch is ein Gentleman, immer großzügig. *Das Wammerl raucht bereits demonstrativ. Helmut gibt Hubert Feuer.* Danke.

HELMUT: Lebt der überhaupt no? *Hält Georg ein Streichholz hin, der schnaubt das Feuer aus.* – Vielleicht mog er a Bier.

HUBERT: He, Schorsch, Gerstensaft, der bringt Kraft ... *Trinkt selbst tiefen Schluck, schüttet Georg den Bierrest über den Kopf.*

GEORG: Aihjajajaja ...

HELMUT: Do, beim Bier, do werd er munter, do werd er wach.

Das Wammerl lacht versteckt.

HELMUT: Der Schorsch is nämli vo Darching. – Noch an Schluck Schorschi? *Schüttet größere Ladung Bier über Georgs Kopf.*

GEORG: Ah, Scheiße, zefix, ähjessasas ...

HELMUT: Sehng Se 's Fräulein, so schaugt's aus.

HUBERT: Wo fahrn an Sie hin?

WAMMERL: Des geht eich doch an Dreck o ...

HUBERT: No, weil der Schorsch mog gern a charmante Begleitung.

WAMMERL: Auf a so a Begleitung konn i verzichten.

HELMUT: Sogn S' des net, der Schorsch is vo Darching.

WAMMERL: Des konn scho sei. *Malt sich die Lippen nach.*

HUBERT: Dean S' es her, dean S' es her . . .

HELMUT: Dean S' es her, dean S' 'n her, im Ausland braucht er a gscheits Make-up . . .

HUBERT: Sonst laßns eahm net über d' Grenzn.

Das Wammerl malt Georg einen Strich auf die Backe und die Nase, alle lachen brüllend.

HELMUT: Dean S' es her, dean S' es her.

Er schreibt »Bitte nicht stören« auf die Rückseite des Kündigungsschreibens.

HUBERT: *appliziert die Kündigung an Georgs Sakko* Den wenn koaner weckt, na fahrt er durch bis Sizilien.

HELMUT: Er is a guater Beifahrer, der Schorsch.

Der Zug wird langsamer.

HELMUT: *steht auf* Herrgott, jetz, wo's gmiatlich werd, miaßn mir aussteign.

HUBERT: Also, Schorsch, mach's guat.

HELMUT: A guate Reise noch. Und paß fei guat auf dei Gepäck auf.

Schiebt den Porno in Georgs Sakko zurück. – Fräulein, Sie schaugn noch a bisserl auf eahm, er is a guater Kerl.

HUBERT: Der Schorsch versteht an Spaß.

HELMUT: Gell, Schorsch, ein guater Kamerad?

HUBERT: *steht auf* Wissen S', mir fahrn scho seit zwölf Jahr im selben Zug.

HELMUT: Ja, jetz werd a nimmer vui mitfahrn, aber er war ein guter Kamerad ...

HUBERT: Mir kennen uns aus, gell, der Schorsch woaß, was los is, gell, Schorschi?

HELMUT: Mein Gott naa, aso hab i scho lang nimmer glacht. Aso eine Gaudi. – Also nachert, na ja, Wiederschaugn.

WAMMERL: Wiederschaugn.

HUBERT: Jessas, der Schorsch hat jetz gar koane Schilling dabei. – Also, Wiederschaugn.

WAMMERL: Wiederschaugn.

HUBERT: Und dean S' 'n fei net verführn, weil der Schorsch hat a Familie.

HELMUT: Aber in Darching. Hahahaha. – Also Schorsch, a schöns Wochenend noch. – Ihnen auch, Fräulein.

WAMMERL: Naa, i schaug amoi.

HUBERT: Und viele Grüße an Südtirol.

HELMUT: Oder Kärnten. Mein Gott naa, so eine Gaudi.

HUBERT: An der Adria braucht er fei a Badhosn ...

Die beiden verlassen den Zug. Das Wammerl steht auf, setzt sich an einen anderen Platz, der Zug fährt weiter. Helmut und Hubert streben dem Vorortbahnhofsausgang zu und sind glänzend gelaunt.

Ein Geschäftsbrief

Hildegard Gruber sitzt in einer feudalen Villa in ihrer Bibliothek in einem üppigen Ledersessel und diktiert in ein Diktiergerät.

Feldafing, den Soundsovielten, Datum, und so weiter, Einschreiben

an Herrn Peter Krause, Wallensteinstraße 21, rückwärtiger Eingang,

8 München 90, betrifft Ihr Schreiben vom 23.2.86, Poststempel 25.2., 16.00 Uhr, 1986.

Sehr geehrter Herr Krause,

da ich mich aus beruflichen und persönlichen Gründen nicht immer in München aufhalte, beantworte ich heute Ihr Schreiben. Ich danke Ihnen für den Hinweis, daß Räume erst ab 2,2 m² Größe bzw. 2 m lichter Höhe vermietet werden dürfen. Dieses Gesetz ist noch nicht lange in Kraft getreten. Ich war davon ausgegangen, daß die Vermietung von Räumen bereits ab einer lichten Höhe von 1,90 m erlaubt ist. Bei Vertragsabschluß und bei Besichtigung waren Sie mit dem eigenen Eingang, mit dem Abstellplatz für Ihr Ölfaß, mit der Einrichtung der Räume – Schlaf- und Wohnraum mit Teppichboden, goldenem Lichtschalter, Teppichboden, umrandet mit teuren Eichenleisten – hochzufrieden. Ebenso mit dem ersten Raum, in dem Sie sich immer etwas warm machen können, da ein Gasherd da ist und eine neue Nirosta-Spüle und neu verlegter PVC-Boden. Sie können auch immer die Türe zum Hof wegen der Belüftung so offenlassen, daß niemand herein kann, da wir diese Türe mit einem sehr langen Haken ausgestattet haben. Auch der fast neu erstellte Ölofen gibt so viel Wärme ab, daß die gefangenen Räume bestens temperiert sind. Noch dazu das schöne, lange weiße Ofenrohr mit dem genau ausgerechneten Gefälle. Am Waschbecken und über der Spüle befinden sich Durchlauferhitzer. Daß Sie keine Dusche haben, wußten Sie bei der Besichtigung. Es mache Ihnen nichts aus, da genug Bäder in der Nähe sind, sagten Sie damals. Die Be- und Entlüftung im WC ist erstklassig und wurde von der namhaften Firma »Trosti« eingebaut. Ich habe selbst zwölf Jahre in einer Toilette mit Familie ohne Fenster verbracht.

Zur Quadratmeterzahl der Räume: Ich habe neunundzwanzig Quadratmeter aufliegen, beweisen Sie mir auf Ihre Kosten durch einen vereidigten Sachgutverständigen (BDA) das Gegenteil. Wie Sie, sehr geehrter Herr Krause, die Quadratmeter ausmessen, interessiert mich nicht. Sie sind laut Ihren Angaben Sozialpädagoge und nicht ein Architekt.

Sie sagten auch, das wichtigste ist für Sie sowieso, daß Ihre beiden kleinen Kinder laufend zu Ihnen kommen, um Sie zu besuchen. Nach Ihren Angaben wollen Sie jetzt statt DM 319,- plus Nebenkosten nur DM 159,50 plus DM 81,- Nebenkosten, insgesamt DM 240,50, bezahlen. Wie kommen Sie dazu, für April nur DM 221,14 zu bezahlen? Ich hatte zum Besichtigungszeitpunkt zwei sehr interessierte Wochenendheimfahrer, welche die Räume liebend gerne wollten. Nein, ich gab sie Ihnen aus reiner Sympathie.

Sie hält das Diktiergerät an, hört hinein und korrigiert:

Nein, ich gab Sie Ihnen aus reiner christlicher Nächstenliebe heraus. Nachdem ich mit Ihnen diese Erfahrung gemacht habe, gibt es für mich im harten Geschäftsleben diese Einstellung nicht mehr. Unter diesen Umständen ist folglich unser Mietvertrag nichtig.

Mit dem Ausdruck vorzüglicher Hochachtung

Hildegard Gruber

Sie schaltet das Diktiergerät aus, schaut ins Freie und stöhnt:

Ah, is des a Wetter. Jetz muaß i no zwoa ... Glaubst es, nix wie Ärger hast mit dera Bagage.

Frau Gruber nippt an ihrem Campari und schaltet das Diktiergerät wieder ein:

Feldafing, den, Datum und so weiter ...

Biogramme

GERHARD POLT, geboren am 7. Mai 1942 in München, studierte in Göteborg und München Skandinavistik. Seit 1975 brilliert er als Kabarettist, Schauspieler, Poet und Philosoph auf deutschen und internationalen Bühnen. 2001 wurde er mit dem Bayerischen Staatspreis für Literatur (Jean-Paul-Preis) ausgezeichnet. Sein gesamtes Werk erscheint bei Kein & Aber.

HANNS CHRISTIAN MÜLLER, geboren am 14. April 1949 in München, arbeitete seit 1974 eng mit Gerhard Polt zusammen. Als freier Regisseur, Autor, Komponist, Musiker, Darsteller, Filmcutter und Produzent ist er bei Theater, Rundfunk, Film, Fernsehen sowie bei Plattenfirmen und Buchverlagen tätig. Er lebt in München und am Ammersee.

Das Neuste von Gerhard Polt bei Kein & Aber

Gerhard Polt, *Öha!*

Kleine Wiesn- und Heimatkunde
Mit Illustrationen von Volker Kriegel, geb., 176 S.
ISBN 978-3-0369-5620-6

Alle weiteren Titel von Gerhard Polt finden Sie unter:

www.keinundaber.ch

In der Reihe **Süddeutsche Zeitung Bibliothek des Humors** sind außerdem erschienen:

Woody Allen: Nebenwirkungen & Ohne Leit kein Freud
Woody Allen, der wohl berühmteste Neurotiker der Welt, bewies mit diesen irrealen Kurzgeschichten schon früh, dass er neben seinem Filmschaffen auch ein herausragender Autor ist. Ob Privatdetektiv Kaiser Lupowitz oder Philosoph Janos Hadelmann – Allens Charaktere kennen Tiefsinn genauso wie Blödsinn. Nichts Menschliches, Absurdes und Komisches ist ihnen fremd.

Eckhard Henscheid: Geht in Ordnung - sowieso - - genau - - -
Sabine heißt die eine, Susanne die andere, ältere und schönere. Jungrentner Eckhard, genannt Moppel, würde die Schwestern allerdings gerne beide erobern, und gerät dabei in eine turbulente Dreieckskonstellation. Die nötige Unterstützung in dieser verzwickten Angelegenheit findet er ausgerechnet im Hinterzimmer des ANO-Teppichladens – bei feuchtfröhlichen Gelagen mit den Trinkern Alfred Leobold und Hans Duschke.

Fay Weldon: Die Teufelin
Eines Tages hat die unattraktive Ruth Patchett endgültig genug von den Affären ihres Mannes. Seine Familie, sein Haus, seinen Job, seine Freiheit – auf einem gnadenlosen Rachefeldzug will sie alles zerstören, was ihm wichtig ist. Und dabei sind ihr alle Mittel recht.

Boris Vian: Drehwurm, Swing und das Plankton
Jazz, Tanz und Partys: Die Junggesellen Antioche Tambrétambre und Fromental von Drehwurm genießen ihr Leben, den Swing und die Frauen. Die beiden feierwütigen Freunde beweisen beim Swingtanz Verrücktheit und Gelenkigkeit und ziemliches Geschick, wie man anderen Partygästen die Freundinnen ausspannt, ohne sich selbst Ärger zu machen. Bis Zizanie auf der Bildfläche erscheint, Antioches Schwarm...

Die komplette Bibliothek mit allen 20 Bänden ist für nur 138,– Euro erhältlich unter Telefon 089 – 21 83 18 10, im Internet unter www.sz-shop.de oder im Buchhandel.

In der Reihe **Süddeutsche Zeitung Bibliothek des Humor** sind außerdem erschienen:

Heinrich Böll: Doktor Murkes gesammeltes Schweigen und andere Satiren
Heinrich Bölls abgründig komische Kurzgeschichten entlarven und belehren. „Doktor Murkes Schweigen" gehört zu den Klassikern der deutschsprachigen Literatur. Neben der Titelerzählung enthält der Band noch vier andere Satiren: „Nicht nur zur Weihnachtszeit", „Es wird etwas geschehen", „Hauptstädtisches Journal" und „Der Wegwerfer".

P. G. Wodehouse: Der unvergleichliche Jee
Bertie Wooster hat als begehrter Jungge selle der Londoner feinen Gesellschaft n allerhand Problemen zu kämpfen. Ob e um die nervtötenden Verkupplungsvers der Erbtante oder Beziehungstipps für e alten Schulfreund geht – ohne die Hilfe seines findigen Butlers Jeeves würde sich Bertie wohl heillos verstricken. Denn Je dieser lebenskluge Philosoph im Gewan eines Butlers, hat zum Glück stets einen rettenden Einfall.

V. S. Naipaul: Wahlkampf auf karibisch
Mr. Harbans will gewählt werden, genauso wie der Schneider Baksh und viele andere. Doch die Bewohner der kleinen Stadt Elvira im erst seit kurzem demokratischen Trinidad sind mit ihren neuen Pflichten noch nicht recht vertraut, und dementsprechend chaotisch verläuft der Wahlkampf. Er gerät zu einem absurden Rennen um die Gunst der 8.000 Wähler – mit Rum und Voodoo, mit großen Reden und albernen Streichen.

Tom Robbins: Salomes siebter Schleier
Ellen Cherry zieht mit ihrem wuchtigen Ehemann Boomer nach New York, um dort als Künstlerin zu leben. Doch die Dinge entwickeln sich anders als gedacl Während Boomer mit seinem seltsam u gestalteten Wohnmobil bald als originel Künstler gefeiert wird, arbeitet Ellen Cherry als Kellnerin im Isaac & Ishmae Das Restaurant liegt gegenüber dem New Yorker UNO-Gebäude und wird v einem Juden und einem Araber geführt. Kein Wunder, dass es rasch Komplikationen und Brandanschläge gibt.

Die komplette Bibliothek mit allen 20 Bänden ist für nur 138,– Euro erhältlich unter Telefon 089 – 21 83 18 10, im Internet unter www.sz-shop.de oder im Buchhandel.